GROWTH DEVELOPER

주니어 개발자를 위한 성장 지침서

서일환
지음

GROWTH DEVELOPER
주니어 개발자를 위한 성장 지침서
HEXAGON BLUE TECH #001

서일환 SEO, ILHWAN

2019년 9월 10일 초판 1쇄 발행

지 은 이   서일환
펴 낸 이   조동욱
기   획   조기수
그   림   김혜경
펴 낸 곳   출판회사 헥사곤 Hexagon Publishing Co.
등   록   제 2018-000011호 (2010. 7. 13)
주   소   경기도 성남시 분당구 성남대로 51, 270
전   화   010-7216-0058
팩   스   0303-3444-0089
이 메 일   joy@hexagonbook.com
웹 사 이 트   www.hexagonbook.com

© 서일환 2019 Printed in Seoul, KOREA

ISBN 979-11-89688-14-1   14000
ISBN 979-11-89688-13-4   (세트)

이 도서의 국립중앙도서관 출판예정도서목록(CIP)은 서지정보유통지원시스템
홈페이지(http://seoji.nl.go.kr)와 국가자료종합목록 구축시스템(http://kolis-
net.nl.go.kr)에서 이용하실 수 있습니다. (CIP제어번호 : CIP2019034550)

GROWTH DEVELOPER

주니어 개발자를 위한 성장 지침서

서일환
지음

WWW.HEXAGONBOOK.COM

나의 찬란한 의미 현정과
내가 만든 모든 것 중 가장 가치있는
채은에게 이 책을 바친다.

시작하면서

나는 대중교통을 이용해서 출퇴근하는 어느 게임회사의 평범한 소프트웨어 엔지니어이다. 2019년인 지금은 모바일 게임이 대세이지만 내가 처음 업계에 뛰어들었을 때만 해도 PC 온라인 게임이 시장을 지배하고 있었다.

신입 개발자로 입사하고 나서 내가 맡은 첫 역할은 PC 온라인 게임을 퍼블리싱하는 웹사이트의 담당 개발자였다. 당시에 사이트 전체를 구축하거나 개편하는 작업을 일 년에 서너 번 정도 했었고, 웹페이지에서 유저들을 대상으로 하는 이벤트 페이지를 만드는 것을 상시적으로 진행했었다. 당시 대다수의 웹 개발자들은 이벤트 페이지를 개발하는 것을 쉽고 단순한 업무라고 여겨 하찮게 생각하는 경향이 있었다. 하지만 내 생각은 그때나 지금이나 한결같은데, 웹 이벤트 개발 업무는 단순 반복적인 업무가 아니라고 생각한다. 신입 개발자가 업무를 통해 빠르게 성장하는데 그만큼 좋은 직무는 많지 않을 것이다. 기획 단계에서부터 출시 그리고 종료까지의 서비스 사이클을 아주 빠르고 자주 경험할 수 있기 때문이다. 또한, 그 속에서도 여러 형태의 이벤트 페이지를 분류하여 패턴화하고 공통화할 요소들이 너무나도 많이 있었기 때문에 나는 첫 2년의 경험이 아주 가치 있는 것이었다고 믿어 의심치 않는다.

그다음은 게임 퍼블리싱 포털 사이트의 인증과 같은 플랫폼을 만드는 일이나, 글로벌 퍼블리싱 포털을 구축하는 업무 등을 수행했다. 이때는 '이렇게 하면 안 된다.'는 것을 많이 배운 시기였다. 지식의 측면에서는 또 한층 안목을 넓힐 수 있는 계기가 되었고, 일하는 방식에 있어서는 본받지 말아야 할 사례들을 많이 배우고 익혔다. 이 책에서 소개하는 몇 가지 주제들에 이때의 경험이 녹아들어가 있는 것도 있다.

그 후에는 모바일 게임을 개발하는 조직에 몸담게 되었는데, 이때가 나에게 있어 가장 많은 지식의 폭발을 경험한 시기였음과 동시에 인사이트를 확장하는 계기가 되었다. 훌륭한 리더와 함께 일하며 반목과 질시 없는 환경에서 비로소 나는 내가 모르는 것이 무엇인지 알 수 있게 되는 **메타인지**가 가능하게 되었다. 그때부터는 스스로 찾아서 공부할 수 있었고, 주위의 후배와 동료들에게 때로는 비판적 사고를 통한 진심 어린 충고로, 때로는 그들의 업적과 성과를 축하하는 따뜻한 격려로, 팀 내에서 나름의 긍정적인 영향력을 행사할 수 있게 되었다.

모바일 게임 개발팀에서의 초창기에는 게임 스튜디오에서 발생하는 기술적 문제를 해결해 주는 일을 많이 했다. 이를테면 게임 서버를 대신 만들어 주거나, 게임 애플리케이션에서 발생한 문제를 해결해주는 등의 일이었다. 이 시기에 여러 회사에 있는 다양한 직무와 환경의 개발자와 협업하는 경험을 해볼 수 있었는데 그것은 마치 처음으로 해외에 나가서 낯선 외국의 사람들과 문화를 경험하고 미약하게나마 글로벌 마인드를 함양하게 된 것과 비슷한 경험이라고 말할 수 있겠다. 이 시기에는 다른 회사나 조직에 있는 개발자들과 협업을 많이 했고 다양한 분야의 개발자들과 어떻게 하면 효율적으로 일할 수 있을지에 대해 많이 고민하고 깨달을 수 있는 계기가 되었다. 실제로 내가 게임 서버를 만드는 데 크게 기여했던 모바일 게임이 있었는데 해당 프로젝트를 성공적으로 마켓에 출시한 후, 개발자였던 대표님께 진심 어린 감사의 인사를 들었을 때, 이 맛에 개발자를 한다고 느낀 적도 있다.

당시에 게임 개발을 하면서 가장 재미있게 느꼈던 주제는 '데이터 저장소(Data storage)'였다. 웹 개발자 시절에는 RDBMS를 정석적인 방법으로(물론 조금의 비정규화 정도는 논외) 쓰는 것이 전부라고 믿었던 시절이었지만, 이 시기가 되어서야 비로소 데이터베이스(DB)는 그냥 파일 시스템의 확장 개념일 뿐이라는 것을 깨달았다. 모바일 게임은 글로벌한 서비스 지역이나 지역별로 다른 네트워크망의 특징상 데이터 저장소의 배치나 설계에 대해 깊은 고민이 필요했다. 단순하게는 DBMS 제품의 선택부터 데이터를 어떻게 분산해서 저장하고 동기화할 것인지, 어떤 데이터는 캐시(cache) 하는 것이 유리한지 등을 고민하는 과정들은 매우 유익했고 필요하다면 직접 애플리케이션 서버에서 데이터베이스의 기능을 직접 구현하는 것은 정말 즐거운 일이었다.

그전의 나는 유행하는 신기술이 나오면 그것들은 무조건 써야만 한다고 생각했었다. 그것만이 먼저 업계에 나와 있는 선배들과 나의 차별점을 만드는 경쟁력이라고 생각했다. 하지만, 당시의 CTO님과 함께 일하면서 결국 컴퓨터 엔지니어링을 통해 나온 대부분의 솔루션은 OS 하나를 만드는데 들어간 개념과 기술을 비슷하게 구현했거나 확장한 것에 지나지 않는다는 것을 깨달았다. 이 깨달음은 향후 내가 기술 리더로서 후배들에게 인사이트를 전파하는 데 아주 큰 역할을 했다. 그리고 요란한 이름을 가진 신기술에 현혹되지 않는 곧은 심지를 가질 수 있는 계기가 되었다.

그렇게 3년의 시간을 보내고, 나는 개발팀을 이끄는 리드 소프트웨어 엔지니어가 되었다. 처음에는 나를 포함해 4명으로 시작했지만 다시 3년이 다 되어가는 지금은 거의 스무 명에 가까운 개발자들이 일하는 조직으로 발전했다. 얼마 전에는 회사의 R&D 조직 내에서 모든 구성원이 뽑은 최고의 팀으로 선정되는 과분한 영광을 누리기도 했다.

많은 사람이 내가 이끄는 팀에 오고 싶어 한다는 이야기를 종종 듣는다. 혹자는 이것에 대해 우려를 하기도 하고 더러는 비난을 하기도 한다. 아마 그들의 눈에는 내가 우리 팀원들을 마냥 행복하게 해 준다고 생각하는 것 같다. 사실 당연히 행복해야 한다. 왜 일을 불행하게 해야 하는 것인가?

그들이 행복한 이유가 단순히 내가 그들에게 무한한 자유를 주어서 그런 것일까? 정말 그렇다고 믿는다면 당신은 언제 행복을 느끼는지 스스로에게 물어보길 바란다. 내가 생각하는 구성원들이 행복함을 느끼는 지점은 의미 있는 성과를 내면서 사람들과 함께 성장의 과정을 누리는 것이라고 생각한다. 이 팀에서 일하고 싶어 한다는 다른 개발자들도 우리 팀 구성원들로부터 그것을 보았을 것이라고 믿는다.

이 책은 지식을 전파하기 위해 쓴 책이 아니다. 내가 후배들과 함께 일하면서 그들에게 들려주었던 이야기가 어느 정도 시간이 흐른 후에 돌아보니 자신들에게 도움이 되었다는 피드백을 토대로 엮은 책이다. 이 책의 내용 그 어디에도 절대적으로 통용되는 진리라는 것은 없다. 어떤 내용은 지금 순간에 누군가에게 적용되는 이야기일 것이고 어떤 내용은 현재의 상황과는 거리가 먼 이야기 일수도 있다. 그런 점을 감안하더라도 이 책에 적힌 하찮은 문구 중에 단 하나라도 독자에게 새로운 깨달음을 주거나 잊어버리고 있었던 어떤 것을 떠올리게 할 수 있다면 지은이로서 이 책을 펴낸 소기의 목적은 달성한 것이라고 생각한다.

이 책은 우리 대부분이 매일 반복하고 있는 외로운 출퇴근길에 심심할 때 편하게 읽을 수 있도록 하기 위해 어려운 내용은 다루지 않았다. 인간의 머리가 싱글 코어라고 생각하고 본 책의 내용이 단일 콘텍스트(context)라고 한다면 눈으로 글을 입력한 뒤 뇌에서 문장을 해석하는 프로세싱 타임이 오래 걸리지 않도록 하는 것이 내가 기대하고 있는 이 책의 독서법이다. 중간중간 몇 가지 기술 용어가 나오기도 하지만 얕은 깊이의 스택(stack)으로 살짝 들어갔다 나오면 되도록 구성하였기에 주 문맥의 흐름을 유지하는 것이 크게 어렵지 않으리라 생각한다.

CONTENTS

01

마음가짐 Mindset

0101
문제의 원인은 바로 당신이다

'남 탓'은 어쩌면 인간의 종족적 특성일지도 모르겠다. 많은 프로그래머는 자신이 만들고 있는 소프트웨어에서 문제가 발생했을 때 본능적으로 문제의 핵심 원인과 가장 먼 곳에서부터 탐색해 나가는 경향이 있다. 때로는 그 출발 지점이 너무나도 멀어서 객관적 시각을 지닌 누군가가 도와주지 않으면 영원히 결과를 찾을 수 없는 상태에 빠지기도 한다.

자신의 잘못이 아니었음을 증명하는 것은 어쨌든 개발자들에게는 너무나도 중요한 일이다. 커밋 로그, 릴리즈 노트를 적으라고 하면 고작 한, 두줄 적는 것도 귀찮아서 몸서리를 치는 우리들이지만 자신이 잘못하지 않았음을 증명하는 문서는 수십 줄이라도 뚝딱 작성해내곤 한다. 중요하게 생각하는 일을 폄하

할 생각은 없다. 하지만, 정말 중요한 것이 무엇인지를 생각한 다면 일단 원인 탐색의 스타팅 포인트(head pointer)를 자신 으로부터 시작하는 것이 우아한 시간 복잡도 내에 문제를 발견 할 수 있는 좋은 알고리즘이라고 할 수 있을 것이다.

한때 회사의 어떤 동료는 boost.asio c++ 라이브러리를 기 반으로 온라인 게임 서버를 작성하고 있었다. 게임 서버를 다 만들어 놓고 보니 알 수 없는 이유로 게임 서버가 강제종료 (crash)되고 있었다. 크래시가 발생한 지점의 스택트레이스 (stacktrace)를 살펴보니 하단(bottom)은 게임 서버의 소스 코드 지점이었고 상단(top)으로 올라가면서 boost.asio 라이 브러리와 관련되어 보이는 원인(cause) 들이 나타나기 시작했 다. 당시에 이것을 지켜보던 게임 서버 프로그래머들은 boost. asio의 문제라고 아주 빠르게 결론을 내리고는 끝없는 탐색을 시작했다. 아마 이 글을 읽고 있는 여러분은 어디가 진짜 문제 의 지점이었는지 눈치챘을 것이다. 핵심 원인은 바로 boost. asio 라이브러리를 설계 의도대로 사용하지 않았던 게임 서버 쪽 코드의 문제였다. 이러한 사례에서 관찰되듯이 우리는 옆에 서 지켜보면 어쩌면 너무나도 당연히 본인으로부터 찾았어야 할 문제이지만 의외로 직접 그 상황을 맞닥뜨릴 경우 이상하게 도 본인으로 인해 발생할 수 있는 가능성은 아예 배제해놓고 시

작하는 경향이 있다.

이밖에도 문제를 자신으로부터 찾지 않는 외부귀인[1]의 사례는 너무나도 비일비재하다. 내가 개발팀을 이끄는 리더로서 자주 느끼는 것이지만, 신기하게도 이 부분만큼은 동료 엔지니어들에게 여러 차례 조언을 해줘도 계속 똑같은 방식으로 문제에 접근하려고 하는 것을 보면 이것은 정말 고치기 힘든 엔지니어들의 습관일지도 모르겠다는 생각이 든다. 수년간 이런 상황이 닥칠 때마다 결론적으로 운영체제나 오픈소스 라이브러리 또는 도구에 문제가 있는 경우는 거의 보지 못했다. 만약에 정말로 자신의 코드가 아닌 외부의 것들에 문제가 있다면 그것을 고치기 위해 기여(contribution)를 하면 된다. 기여를 하려면 많은 공부를 해야 한다. 아마도 공부를 해보면 그것이 잘못되지 않았음과 애초에 본인 코드에서 문제를 찾는 것이 훨씬 쉬운 접근이었다는 것을 깨닫게 될 가능성이 높다. 본인이 만들어 낸 문제로부터 도망치기 위해서 쉽사리 검증할 수 없는 어떤 곳으로 책임을 떠넘기지 말기를 바란다.

> 1. 귀인 이론(attribution theory)은 원래 사회심리학 용어이다. 어떤 사건의 원인을 주어진 환경에서 찾는 경우를 외부귀인이라고 하고, 기질, 성격, 본인으로 부터 찾는 경우를 내부귀인이라 부른다.

아래의 몇 가지 업무를 하다가 흔히 할 수 있는 착각들을 보면서

'과연 그럴 것인가?' 하고 반문해보자.

- 이번에 업데이트한 서버 애플리케이션에서 갑자기 DB connection 관련된 오류가 많이 올라왔어. 이건 아마도 DBMS의 문제일 거야!
- 클라이언트 개발자가 갑자기 기존에 잘 동작하던 API가 안된다고 확인을 해달라네. 하지만 그럴 리가 없는 것이 나는 기존 API를 건드리지는 않았는걸? 새로운 API를 추가만 했지.
- 사용자들이 말하길 특정 시간에만 서비스에서 오류가 발생한다고 해. 나는 그 시간에 아무것도 한 게 없는데 나랑 무슨 상관이야?
- 갑자기 소켓이 끊기거나 OOM[2]으로 인한 오류가 발생하는데 이건 OS에서 제공하는 기본 소켓 구현체에 버그가 있는 거야.
- 내가 테스트했을 때 문제없었으니 사용한 사람이 잘못했을 거야.

물론 위에 소개한 사례들이 정말로 착각이 아닐 수도 있다. 즉, 자신으로부터 발생된 문제가 아닐 수도 있다. 하지만, 자신이 초래했을 가능성이 훨씬 높다. 높은 확률을 지닌 지점부터 공략하는 것이 결국 평균적인 시간 복잡도로 봤을 때 문제를 빨리 해결할 수 있는 좋은 접근법이라고 말할 수 있을 것이다.

이 주제를 가장 처음으로 시작하는 이유는 그만큼 중요하기 때문이다. 이 원칙만 기억하고 있어도, 뛰어난 문제 해결 능력을 이미 갖추고 있는 개발자가 될 수 있다. 우리가 2차 방정식의 해를

2. Out of memory의 줄임말

구하기 위해 근의 공식을 매번 유도할 필요가 없듯이 이건 그냥 공식이니까 외우길 바란다.

거의 모든 문제의 원인은 당신일 것이다.
문제의 원인을 당신으로부터 출발해서 찾으면 가장 빠르게 근본에 도달할 가능성이 높다.

0102
당신은 선배보다 낫다

갓 신입으로 들어온 개발자 친구들을 만나보면 대부분 처음에는 무엇이든 해낼 수 있다는 자신감으로 가득 차 있다. 하지만, 시간이 조금만 흐르고 나면 어느 순간부터 선배들과의 격차를 느끼고 좌절해버리는 사람도 있고, 또 더러는 행여나 자신이 길을 잘못 택한 것은 아닌지 염려를 하기 시작하는 이도 있다. '자신이 길을 잘못 택한 것은 아닌지'에 대해서는 이 책을 통해서 답할 수는 없을 것 같다. 실제로도 신입 개발자 중에 엔지니어의 성향과는 거리가 먼 친구들도 종종 있다. 다만, 그래도 이 책을 보고 있다면, '더 나아지는 방법을 찾으려고 하는 사람이지 않을까?' 정도로 나의 희망적인 생각을 전해주고 싶다. 물론, 선배들보다 내가 훨씬 낫다고 생각하는 사람도 있다. 그런 사람들은 이번 주제를 그냥 가볍게 읽어보고 넘어가면 되겠다.

결론부터 이야기하자면 후배들이 선배들로부터 느끼는 격차는 **익숙함의 차이**에 지나지 않는다. 익숙함, 즉 숙련도의 차이로부터 오는 격차는 생각보다 금방 메울 수 있다. 업무에 충실하다 보면 자연스럽게 시간이 해결해주기도 하고, 마음이 좀 급한 사람은 조바심을 내서 달리면 금방 따라잡을 수 있다. 십수 년의 경력을 가진 개발자라고 해서 여러분들보다 항상 좋은 알고리즘을 설계한다고 말하기는 어려울 것이다. 또한, 컴퓨터 공학의 지식은 어쩌면 학교를 갓 졸업한 당신이 더 많이 기억하고 있을지도 모른다. 이런 면에서 볼 때 여러분이 선배들보다 지식적인 측면이나 미래를 담을 수 있는 그릇의 크기 면에서 절대적으로 뒤처진다고 말할 수는 없을 것이다.

후배들이 쉽게 따라잡을 수 없는 부분도 분명 존재한다. 그건 바로 히스토리와 서비스에 대한 경험이다. 선배들은 선배들의 시간을 살아왔다. 여기서 말하는 시간은 IT산업의 시간이다. 어떤 선배는 인터넷 이전 시대의 소프트웨어를 만드는 경험이 있을 수도 있고, 또 어떤 선배는 인터넷이 막 보급되던 시절의 (지금은 조악하다고 생각될지 모르는) 온라인 서비스를 만드는 경험을 했을 수도 있다. 또 어떤 선배는 모바일 기기가 태동하던 초창기부터 모바일 서비스를 구축하는 과정을 경험했을 수도 있다. 시대마다 그 시대의 정신이 있듯, IT산업에 대해 각자의 시간을 살아온 선배들의 노력과 경험은 가히 존경받을 만하다. 나는 항상 이전 시대에서 무언가를 이루어 오신 선배들을 존경한다. 이점에 있어서는 의심의 여지가 없다.

그럼에도 불구하고, 당신이 선배들보다 나을 수밖에 없는 이유가 있다. 인류의 시간이 항상 발전하는 방향으로 흐른다고 가정하면 여러분이 경험할 앞으로의 IT 세상은 지금과는 또 다른 높은 차원에 있을 것이다. 다가오는 미래 시대의 주인공은 당신이다. 그 시간은 당신의 실력이 좋든 나쁘든 반드시 도래한다. 그때가 되면 당신은 어느새 새로운 후배들에게 존경을 받는, 그리고 지금 당신이 선배들로부터 느끼고 있는 격차를 그 후배들에게 다시 느끼게 해주는 존재가 되어 있을 것이다.

나는 10살쯤에 처음으로 프로그래밍을 시작했다. 당시만 해도 가정집에 PC가 있는 곳은 거의 없었는데 부친께서 운영하시던 공장이 문을 닫게 되면서 공장에서 쓰던 컴퓨터가 집으로 오게 되었다. 그 컴퓨터는 당시 가격으로 250만 원 정도 하는 RAM 512KB, HDD 20MB의 스펙을 갖춘 XT 컴퓨터였다. 돌이켜보면 또래들보다 일찍 컴퓨터를 접할 수 있었던 것이 특별히 잘하는 것이 없던 나에게는 아주 좋은 기회였던 것이다. 아버지에게는 컴퓨터라는 도구가 몹시 어렵고 고장이 날까 두

려운 값 비싼 기계였지만, 어린 나에게는 그냥 신기한 장난감에 불과했다. 덕분에 나는 컴퓨터에 대한 두려움을 조기에 없앨 수 있었고, 그로 인해 컴퓨터를 가지고 다양한 실험을 해볼 수 있었다. 그 후로 아주 오랜 시간 동안 새로운 컴퓨터를 살 수 있는 형편이 안 되었기 때문에 지금은 유물이 되어 버린 디스켓(diskette) 통을 들고 돌아다니면서 친구들 집에 있는 컴퓨터를 고쳐주거나 그곳에서 프로그래밍 같은 것들을 실험해 보곤 했었다.

　나의 옛날이야기를 잠시 들려주는 이유는 내가 처음에 커리어를 시작할 때만 해도 선배 중에서 어린 시절부터 컴퓨터를 쉽게 접할 수 있었던 사람을 찾아보기 힘들었기 때문이다. 아마도 그런 이유로, 신기하게도 개발실력은 매우 뛰어나지만 운영체제를 사용하면서 발생하는 사소한 문제를 스스로 해결하지 못하거나 개발 툴 이외의 툴은 사용하기 어려워하는 분들도 더러 있었다. 하지만, 여러분은 어릴 때부터 생활 속에서 컴퓨터를 아주 많이 경험했을 것이다. 집에 컴퓨터가 없는 친구들도 거의 없었을 것이고, 혹여나 있다고 해도 학교나 도서관 또는 PC방 같은 곳에서 컴퓨터를 쉽게 접할 수 있었을 것이다. 온라인이라는 개념 자체도 이미 익숙했을 것이다. 선배들은 어떻게 온라인을 대중화하고 보급할 것인지에 신경을 썼었다면 여러분은 이

미 대중적으로 보급된 인터넷 기술을 활용하여 더 높은 인류의
가치를 만들어가는 것에 집중하면 되는 것이다.

앞으로 벌어질 멋진 일들은 당신이 해나갈 것이기 때문에 나
는 당신이 선배들보다 낫다고 생각한다. 지금은 부족함이 있다
고 느껴질지라도 선배들이 이뤄낸 분야에 대해 그들보다 잘 모
른다고 느껴질지라도 새로운 분야의 전문가는 당신이 될 것이
다. 그러니까 자신감을 가져라.

0103
야생에서 살아남으려면

인간이 지금과 같은 풍요를 누리게 되기까지의 다양한 요인 중에 대표적인 것으로 도구의 개발과 사용, 그리고 대를 거듭한 도구의 진화를 꼽을 수 있을 것이다.

기계와 가까운 저수준 영역을 다루는 개발자를 제외한다면 우리는 대부분 하나의 클래스 또는 함수에서 Hello world! 를 콘솔에 출력하면서 새로운 프로그램의 생명을 싹 틔운다. 거기서부터 우리의 프로그램은 또 하나의 문명처럼 시작되는 것이다.

문명을 잘 보전하기 위해 우리는 코드를 재배치하기도 하고 중복되는 것을 없애기도 한다. 코드 자체도 진화해 나가야 하

지만 코드를 작성하는 도구나 방법도 지속적으로 발전해야 한다. 반복해서 생산해야 하는 코드들을 컴퓨터가 스스로 만들어 내게 한다든지, 완성된 우리의 소프트웨어의 치안이 잘 유지되는지 감시하는 도구를 만든다든지, 더 빠르게 확장하기 위해 구조를 개선하는 활동을 한다든지 하는 것과 같이 코드 내외부에서의 지속 가능한 혁신이 반복적으로 일어나야 한다.

소프트웨어를 작성할 때 과장을 조금 보태서 수만 년에 걸친 인간 문명의 진화과정을 담아낸다는 각오로 개발을 한다면 좋은 결과물을 만들어 낼 수 있을 것이다. 우리는 소프트웨어 그 자체 이외에도 장기적인 관점에서 더 빠르게 움직일 수 있는 도구를 만들어내야 한다. 소프트웨어를 만든다는 것은 동작하는 소프트웨어 그 자체를 포함하여 그것을 효율적으로 진단, 발전시키기 위한 부가적인 방법론 및 산출물 전부를 포괄하는 것이다.

여러분 중에 게임을 좋아하는 사람이 있다면 자원을 획득하고 세력을 확장시켜 나가는 전략 시뮬레이션 장르를 한 번쯤은 경험해 보았을 것이다. 블리자드의 스타크래프트를 예로 들어 우리는 테란이라는 종족으로 플레이를 한다고 가정해보자. 게임이 시작되면 커맨드 센터(기지) 1개와 SCV(일꾼) 4명이 주어진다. 우리는 이 리소스들을 잘 활용하여 어떤 이는 자원을 캐고 어떤 이는 건물을 짓고 어떤 이는 적을 막도록 명령을 내린다. 게임을 시작할 때는 기지가 1개였지만, 관리해야 할 식솔(유닛)들이 늘어날수록 우리는 그것을 잘 유지하고 더 큰 규모의 생산을 하기 위해 기지를 확장해야 한다. 기지를 확장하는 타이밍은 매우 중요하다. 새로운 기지를 구축하는 비용과 시간이 소요되는 동안 적의 침략을 막거나 공격을 하러 가야 할 병력 생산이 일시적으로 줄어들기 때문이다. 하지만, 기지의 확장에 성공해서 안정적인 추가 자원 채취에 성공하게 된다면 무시무시한 속도로 병력이 쏟아져 나오게 된다. 게임 시작 초반에는 배럭(병영)에서 마린을 1마리씩밖에 생산을 못 하지만, 어느 순간 12개의 배럭에서 한 번에 12마리의 마린이 쏟아져 나온다. 더 효율적으로 병력을 생산하기 위해 늘어난 병영들을 한 곳에 모아 컨트롤하기 쉽게 만들기도 하고 중요 요충지가 되는 자원 수집 기지를 여러 곳에 분산 배치해 생산력을 올리고 리스크를 분산시키기도 한다.

극도로 숙련된 프로게이머들은 이 모든 게임의 운영과 컨트롤에 군더더기가 없다. 우리는 프로그래머들이니까 소프트웨어의 개발과 운영에 대해 군더더기가 없어야 할 것이다. 그렇게 하기 위해서는 개발하고 운영하는 모든 사이클에서 끊임없이 더 나아지기 위한 전략을 세우고 꾸준히 그것을 실행해 나가야 한다.

이 책을 읽는 독자들 대부분이 아마도 개발의 업에 몸을 담고 있겠지만, 사실 이 장에서 이야기하는 내용은 비단 개발자들에게만 통용되는 이야기는 아니라고 생각한다. 끝없는 경쟁 상태인 자연이라는 환경에서 현대의 생물들이 이만큼 진화하면서 살아왔듯이, 생명은 항상 주어진 환경에 극복하기 위해, 더 나아가서는 그것을 지배하기 위해 노력해왔다.

우리가 하는 모든 일에 대해 야생에서 살아남기 위한 매 순간 처럼 어제보다 더 나아지겠다는 단호한 결의와 그것을 실현 하기 위한 노력이 필요하다.

0104
더 이상 아이가 아니다

규모 있는 IT서비스를 운영하다 보면 함께 일하는 사람 중에 간혹 사용자들을 가리켜 '애들[3]'이라고 지칭하는 경우가 있다. 엄연히 우리가 일할 수 있도록 서비스를 이용해 주시는 고객님들께 '아이'라는 표현을 쓴다면 뭔가 갑을 관계를 조금 잘못 인지하고 있지 않나 하는 생각을 해본다. 사용자들이 우리가 의도한 대로 서비스를 이용하지 않는 것은 우리가 서비스를 잘못 만들어서 그런 것이지 사용자가 바보라서가 아니다. 내부에서 기대했던 것처럼 그들이 우리가 만든 서비스를 열심히 공부하면서 써줄 거라는 기대는 애초부터 하지 않는 것이 좋다. 비슷한 맥락으로 선배 개발자 중에서도 후배 개발자들을 가리켜 '애들'이라고 지칭하는 경우가 가끔 있다. 아마도 그 의미는 앞의 경우처럼 무

3. 현실에서의 "애들"은 더 없이 사랑스러운 존재이다. ☺

시의 의미로 쓰였다기보다는 마치 챙겨줘야 할 동생 같다는 좋은 의미가 대부분일 것이라고 믿는다. 그렇다고 하더라도 나는 되도록 '애들'이라는 말보다는 '팀원들', '엔지니어들'이라는 좀 더 격조 있는 단어를 즐겨서 사용하라고 권유하고 싶다. 사람이나 사물을 지칭할 때 어떤 대명사를 선택하느냐에 따라 실제로 우리들이 그 사람이나 사물을 대하는 행동에 생각보다 많은 영향을 미치기 때문이다. 좋은 성과를 만들고 싶다면 동료를 부르는 호칭에 존중의 마음을 심을 필요가 있다.

자 그렇다면 본론으로 들어가서, 내가 정말로 하고 싶었던 이야기를 '당신들은 자신을 어떻게 정의하고 있는지'에 대해 질문을 던지면서 시작하고 싶다. 혹시나 자신을 보살핌과 챙김을 받아야 할 '아이'라고 생각하는가? 선배들이 아직은 어린 나를 당연히 도와줘야 한다고 생각하는가? 나는 아니라고 생각한다. 나이와는 무관하게 무언가를 이루기 위해 자신의 힘으로 달려간다면 그 누구도 더 이상 '아이'가 아니다. 주변에 당신을 챙겨줘야 하는 의무를 진 사람은 없다. 먼저 이 업계에 뛰어들었건, 나중에 뛰어들었건 간에 조금의 시간만 지나면 같은 눈높이에서 문제를 풀어내야만 하는 '동료'인 것이다. 여러분 중에 누군가 창업을 했다고 가정해보자. 사업이 번창해서 더 많은 직원을 뽑아야 할 시점이 되었을 때, 지금 당신의 선배로 있을 법한 사람을 내가 고용해서 쓰지 않는다는 보장이 있는가? 그런 경우에는 그 과업을 먼저 시작한 당신이 선배가 되는 것이다. 자신을 리더라고 생각하면 리더처럼 일할 수 있는 것이고, 함께 일하는 선배들과 동등한 엔지니어라고 생각하면 그에 걸맞게 일할 수 있게 되는 것이다. 하지만, 나 자신을 '아이'라고 정의해버리면 나는 끝없는 보살핌을 받아야만 하는 존재로 스스로를 정의해버리는 꼴이 되고 만다.

리더십(leadership)이라는 것의 본질이 사람들로 하여금 **같은 목표를 향해 스스로 방향을 정하고 움직이게 하는 힘**이라는 관점에서 볼 때 리더십은 항상 위에서 아래로만[4] 흐르는 물과 같은 것이 아니다. 아래에서 위로도 다양한 방법으로 충분히 리더십을 발휘할 수 있다. 당신의 신선한 시각에 입각한 질문을 선배들에게 던졌을 때, 그들이 움찔하게 만들고 그들의 행동마저 변화시킬 수 있다면 그것 또한 리더십이라고 말할 수 있을 것이다. 이러한 상호작용과정을 팔로워십(followership)이라고 일컫기도 하는데 나는 본질적으로 리더십과 팔로워십은 같은 것이라고 생각한다. 자기의 주어진 역할을 잘 이해하고 거기에 맞는 긍정적 영향력을 팀과 동료들에게 행사할 수 있다면 지위 고하를 떠나서 그 사람이 리더인 것이다.

4. 여기서 말하는 위와 아래는 높고 낮음을 의미한다기 보다는 역할의 차이라고 보는 것이 정확하다.

내가 이 이야기를 하는 이유는 학창 시절에 동기생 중에서도 뛰어나고 리더십이 있던 사람들이 처음으로 개발 조직에 와서 몇 번의 좌절을 느끼고 스스로 아이로 돌아가 버리려고 하는 경우를 몇 번 본 적이 있기 때문이다. 선배들의 동료가 되기 위해서는 어찌 되었건 시간은 필요하다. 그 시간이 개인마다 어느 정도 편차는 있겠지만 생각보다 그리 오랜 시간은 아니라고 말할 수 있을 것 같다. 만약, 이 글을 읽는 여러분 중에 회사에서 바쁜 선배들이 나에게 일을 주지 않는 것 같이 느낀다면 일을 줄 때까지 기다리지 말았으면 한다. 우리 팀에서 하고 있는 개발 업무에 대해 스스로 빠르게 파악하고 싶은데 어디부터 시작할지 모르겠다면 우리의 원천인 코드부터 시작하면 된다. 선배들이 작업하는 소스 코드 리포지토리를 열어서 코드를 내려받고 빌드하고 실행하고 분석해보자. 그리고 먼저 선배들을 찾아가서 물어보자. 무엇을 물어볼지 모르겠다면 지금 운영하는 서비스의 아키텍처를 그려서 설명해 달라고 요구하자. 엔지니어들은 아는 것을 설명하는 것을 좋아하기 때문에 아니 사실은 아는 것을 장황하고 거대하게 설명하는 것을 사랑하기 때문에 대부분 자기가 잘 알고 있는 것에 대한 요구를 귀찮아할 선배는 아마 없을 것이다. 이러한 요구를 구태여 내가 먼저 적극적으로 해야 하는 이유는 명확하다.

우리는 더 이상 아이가 아니기 때문이다.

0105
성장하지 않는 것 같아요

많은 신입 개발자들이 엔지니어로서의 자신의 성장에 대해 막연한 두려움을 느낀다. 대부분 학교를 갓 졸업하고 와서 그런지 자신의 부족한 부분을 책이나 교육을 통해 해결하려고 하는 경향이 크다. 자신의 성장을 위해 가장 크게 기여하는 것이 기술 서적 읽기나, 회사에서 주는 교육 기회, 개발 컨퍼런스 참석 같은 것이라고 생각한다면 나는 조금 생각을 바꿔보기를 권유하고 싶다. 저런 것들도 성장에 도움이 되는 것은 맞다. 하지만 진정한 성장은 개발 프로젝트를 완수해내는 과정에서만 얻을 수 있는 것이다. 롤플레잉 같은 게임을 해보면 퀘스트 시스템이 있다. 퀘스트를 수행하게 되면 수행하는 동안에도 경험치가 조금씩 오르지만 완수하게 되면 한 번에 많은 경험치를 준다. 우리의 성장도 이 개념과 크게 다르지 않다. 진정 빠르게 성장하고 싶다면 좋은 개발 프로젝트에 많이 참여하고 기여해서 성과를 창출하는 것이 가장 효율적인 방법이다.

경력을 가지고 새로운 일자리를 구한다고 생각해보자. 이직할 때 이력서에 강조해야 할 내용은 무슨 책을 읽었는지 어떤 컨퍼런스를 참석했었는지가 아니다. 그런 것을 궁금해하는 면접관은 아마도 없을 것이다. 경력 개발자를 동료로 맞이할 때 가장 중요하게 보는 것은 어떤 프로젝트에 참여했고 어떤 역할을 했으며 무슨 기여를 했고 그것을 통해 얻게 된 교훈과 인사이트는 무엇이었는지이다. 아마 연차가 낮은 개발자들은 이력을 정리할 때 본인이 참여했던 프로젝트가 적기 때문에 최대한 이것저것 많이 적으려고 노력을 할 것이다. 그러다가 연차가 쌓이면 예전에 많이 나열해두었던 이력들이 더 적은 숫자로 병합이 되면서 오히려 간결하고 포괄적인 내용으로 리팩토링 되어가는 것을 느끼게 될 것이다. 예를 들면 경력을 막 시작했을 때쯤에는 본인이 무슨 언어를 다룰 줄 알고, 무슨 개발 툴을 쓸 수 있는지, 다룰 줄 아는 도구가 이만큼이나 된다고 자랑하고 싶어하지만, 경험이 늘어날수록 내가 어떤 문제를 풀었었고 앞으로는 어떤 문제를 푸는 것에 기여할 수 있을지에 더 포커스를 맞추게 된다. 본인의 이력을 정리하는 활동은 커리어 생애 전반에 걸쳐 지속적인 경력에 대한 회고를 가능하게 해 준다. 나의 지난 시간을 돌아보면서 다음 움직임에 대한 계획을 세우는 데도 좋은 지침서가 될 것이다. 지금부터라도 내가 참여했던 프로젝트나 풀었던 문제, 그 속에서 나의 역할과 기여했던 부분들 그리고 깨달은 점들을 잘 정리해 두는 것을 추천한다.

그렇다면 나를 성장시켜주는 주체는 과연 누구일까? 바로 자기 자신이다. 회사나 선배들이 나를 성장시켜 줘야 하는 의무가 있는 주체라고 생각하지 말았으면 한다. **성장은 누가 시켜주는 것이 아니라 스스로 하는 것이다.** 개발할 수 있는 좋은 환경이 주어져 있고 함께 일할 수 있는 동료가 있다면 그 속에서 프로젝트를 진행하는 것만으로도 여러분은 이미 성장하고 있는 것이다. 더 빠르게 성장하고 싶다면 주어진 프로젝트에 더 적극적이고 열정적으로 참여하길 바란다. 인간이 아이에서부터 성인이 되기까지의 과정을 보면 한 번에 어떤 수준에 도달할 수 있는 왕도란 것은 없다. 모든 것은 때가 있고 그때가 오면 그만큼 성장하게 되어 있는 것이다. 너무 조바심을 내지 않았으면 한다. 어떤 개발이라도 하고 있다면 여러분의 경험치는 계속 쌓이고 있다고 생각하면 된다. 중요한 것은 그 개발을 어디까지 하는 것이 '완료'인지에 대한 명확한 목표를 설정하고 그것을 달성하는 것이다. 프로젝트를 진행하면서 진심으로 크게 성장하기를 원한다면 아무 생각 없이 할당된 개발 업무만 수행해서는

안된다. 프로젝트의 모든 과정 속에서 반드시 성공시키고자 하는 진정성 있는 참여가 필요하다.

사실 위 문단에서 주장하고 있는 것과는 달리 실제로 여러분의 팀이나 선배들은 당신들을 성장시키는 것에 관심이 많다. 먼저 업계에 발을 들인 사람을 선배라고 부른다면, 선배로서 앞으로 같이 동등한 엔지니어로 일하게 될 동료를 만들기 위해 서로의 눈높이를 맞추어 나가는 과정과 그 사람이 성장해 나가는 것을 옆에서 지켜볼 수 있는 것은 대단히 가치 있고 보람된 일이다. 하지만 정말 중요한 것은 나를 성장시키는 주체는 바로 나라는 점과 성장하는 방법에 쉬운 지름길은 없다는 것 그리고 그 책임과 성과는 온전히 나의 몫이라는 것을 항상 잊지 않는 것이다. 이 책의 가장 처음에 이야기했듯이 모든 문제의 원인은 나로부터 시작된다는 원칙을 기억하고 있다면 나의 성장의 주체도 역시 나라는 것을 깨달았을 것이라고 믿는다. 그것을 깨달은 후배에게 해주는 선배의 이야기와 그것을 깨닫지 못한 후배에게 해주는 선배의 이야기는 그 흡수력과 파급력이 비교 불가할 정도로 차이가 크다.

나를 성장시키는 주체는 바로 나다.

0201
재현 방법을 찾아라

작성한 코드에서 문제가 발생하면 반드시 해야 할 것이 있다. 바로 문제를 재현(reproduce)하는 방법을 알아내는 것이다. 재현할 수 없는 문제는 해결했음을 증명할 수 없기 때문에 풀 수 없는 문제나 다름없다. 마찬가지로 새롭게 풀어야 할 문제가 주어진다면 발생할 가능성이 있는 테스트 케이스를 충분히 도출해야 폭넓게 동작하는 코드를 설계할 수 있고 작성한 코드를 테스트할 수 있다.

혹시 일상생활에서 설명서가 있는 어떤 것을 조립해 본 사람이라면 설명서를 끝까지 읽고 조립을 시작했을 때와 설명서를 펼친 후 첫 번째 단계부터 곧바로 읽으면서 조립하기 시작

했을 때의 차이를 느낀 적이 있을지 모르겠다. 조립 대상이 충분히 복잡해졌을 때를 고려하지 못하고 덤벼들었다가 한참 다 만들어가는데 무언가 잘못되어서 결국 다 분해하고 새로 만드는 경험을 인생 살면서 누구나 한 번쯤은 해보았을 거라고 믿는다. 이런 일이 프로그래머들에게도 종종 일어난다. 알고리즘 문제를 풀면서 전체 과정과 예외상황들을 사전에 다양하게 시뮬레이션하지 않고 일단 코드부터 작성해본 경험이 한 번쯤은 있을 것이다. 운이 좋거나 머리가 아주 비상한 사람을 제외하고는 아마도 이런 식으로 문제에 접근하면 예외적인 케이스를 만날 때마다 그 예외만 회피하는 방어 코드를 짜게 된다. 결국 다른 예외를 만나 더 이상 코드가 만질 수 없을 정도로 복잡해진 시점이 되면 모든 코드를 메모장에 복사해두고 다시 정신을 가다듬고 처음부터 정공법으로 접근해 문제를 풀어낸 케이스들일 것이다. 아마 메모장에 복사해 둔 코드는 새로 작성할 때 요긴하게 쓰려고 했을 텐데 애석하게도 다시 만질 일은 없었을 것이다. 제대로 짠 코드는 메모장에 복사한 것보다 훨씬 간결하고 명료해서 기존의 것과는 완전히 다른 것일 가능성이 크기 때문이다. 세기의 난제가 아닌 이상 처음부터 신경을 써서 제대로 접근하면 결국 누구나 풀 수 있는 문제일 텐데 왜 우리는 코드부터 짜려고 할까? 아마도 머리가 아주 좋다고 믿거나, 귀찮기 때문일 것이다. 이러한 통찰에서 상상해보건대 아마 어려운 문제를 척척 풀어내는 소위 말하는 천재들은 문제를 척 보면 답이 떠오르는 직관력보다는 어쩌면 문제를 정직하게 다루려고 하는 태도가 그들의 천재성의 원천이 아닐까? 하고 평범한 나는 추측해본다.

위와 비슷한 맥락으로 운영 중인 서비스에 문제가 생겼을 때도 어떤 상태(state)와 행동(action)으로 인해 문제가 발생했는지를 먼저 파악해야 한다. 문제가 발생하면 현상만 듣고 다짜고짜 코드부터 고치려 드는 경우가 있다. 그리고 어설프게 로그들만 찍어서 배포한 후에 유저가 다음 문제가 발생하는 행동을 해주기만을 하염없이 기다린다. 어쩌다가 문제를 캐치해서 코드를 수정했다고 치더라도 과연 이 새로 고친 코드는 정말 지속적인 안전을 보장해 주는 것일까? 물론 문제에 따라 그럴 수도 있다. 하지만, 조금 복잡한 문제라면 새로운 문제를 일으킬 가능성이 크다. 수면 아래에 있는 문제는 시간이 지나고 새로운 코드가 더 얹어질수록 찾기가 더 힘들어진다. 찾기 힘든 문제는 해결하기도 힘들 것이라는 점에 대해서는 두말할 것도 없다.

팀에서 업무를 자동화하는 프로그램을 만든 적이 있었다. 컴퓨터가 사람을 대신해주길 원하는 로직을 사람이 프론트엔드에서 스크립트 언어로 작성하고, 백엔드 애플리케이션의 스크립팅 엔진에서 작성된 스크립트를 실행해주는 형태로 동작을 하는 프로그램이었다. 스크립팅 엔진에서 그것을 실행하기 전에 정규 표현식으로 몇 가지 패턴을 찾아서 치환하는 로직이 있었는데 '어떤 입력'이 들어오면 정규 표현식 엔진에서 백트래킹(backtracking)으로 인해 행(hang)이 걸리는 문제가 있었다. 당시 실력이 준수한 팀의 엔지니어 친구는 코드에서 문제를 특정하자마자 정규 표현식 튜닝부터 들어갔다. 한참을 이것저것 시도하던 그 친구는 이제 코드를 다 고쳤다고 했지만, 정작 사용자의 어떤 입력으로부터 그 현상이 발생했는지를 찾아놓지 않았다. 결국 배포 후 문제는 다시 발생했고 그때가 되어서야 사용자의 행동 로그와 데이터베이스를 뒤져서 '어떤 입력'을 특정했다. 그 후에는 문제를 완전히 해결했음은 굳이 말하지 않아도 될 것 같다.

가끔 버그 트래킹 시스템(BTS, Bug Tracking System) 같은 것에 리포팅된 버그 중에 재현 스텝이 없거나 아주 희박한 확률로 발생해서 재현 스텝을 찾기 어려운 버그를 마주한 적이 있을 것이다. 내용만 보고 개발자가 운 좋게 재현 스텝을 발견할 수 있다면 거기서부터 문제의 해결이 시작되겠지만, 대개의 경우에는 이런 이슈는 해결되지 않음(Unresolved)의 상태로 상당히 오랜 시간 존재할 가능성이 높다. 자칫하면 이런 이슈를 리포팅하는 사람이 문제라는 것처럼 보일 수도 있는데 매우 당연하게도 이 버그를 리포팅해 준 사람은 고마운 사람이다. 제일 첫 번째 주제였던 〈문제의 원인은 바로 당신이다〉를 제대로 읽었다면 이런 문제를 만들어낸 나의 잘못이라는 생각이 드는 것이 적절한 반응일 것이다.

결국 문제를 재현하기 위해서는 문제의 원인이 되었던 상태나 행동을 찾아야 하고 그로부터 포괄적인 테스트 케이스를 도출해야 한다. 또한 그것을 구간별로 테스트하기 위해 코드를 컴팩트하게 작성하여 모듈화해야 한다. 그 과정을 지속적으로 반복하면서 견고한 소프트웨어를 작성하고 유지하는 것을 배울 수 있는 것이다.

재현 방법을 찾는 것 못지않게 재현 자체를 간단하게 만드는 것도 중요하다. 수많은 프로세스가 협력하여 하나의 비즈니스를 구동하는 시스템을 운영할 때는 문제를 찾아내서 수정하는 것이 쉽지가 않다. 하나의 로직을 처리하기 위해 네트워크를 돌아다니며 여러 인스턴스가 함께 처리하는 경우에는 문제 현상을 재현하기 위해 구동해야 할 프로그램들이 많기 마련이다. 이럴 때는, 핵심적인 기능만 간단하게 추려내어 필요한 테스트를 하는 것이 훨씬 효율적인 경우가 있다. 예를 들어, 당장 코드를 고쳐가며 수정하는 비용이 1이고 고친 코드를 구동하여 정상 동작하는지 확인하기 위한 비용이 4 정도 든다고 가정해보자. 문제가 빨리 고쳐진다면 다행이지만 시간이 길어지면 길수록 실제 코드 작업을 하는 시간보다 구동하고 확인을 하기 위한 시간이 더 길어지게 된다. 이러한 것이 비효율로 이어지고 있다고 느껴진다면 적당한 시점에 일회성으로 10 정도의 비용을 투입하더라도 여러 모듈을 2 정도의 비용으로 한 번에 빠르게 테스트할 수 있도록 만들어 두는 것이 필요하다.

문제가 발생했을 때는 그것을 재현할 수 있는 방법을 찾고, 그 재현 자체를 간단하게 할 수 있는 체계를 구축한다면 뛰어난 문제해결력을 보여줄 수 있을 것이다.

<표 : 빠른 재현 수단 구축 여부에 따른 누적 디버깅 비용>

디버깅 회차	누적 디버깅 비용	
	기존 재현 방법 유지 (빠른 재현 수단 X)	빠른 재현 수단 구축 (빠른 재현 수단 O)
1회차	4	10
2회차	8	12
3회차	12	14
4회차	16	16
5회차	20	18
6회차	24	20

빠른 재현 수단을 갖추면 5회차 디버깅부터는 지속적으로 이득을 볼 수 있다.

0202
문제를 풀기 위한 기술

우리는 인생을 살아가는 동안 무수히 많은 선택을 한다. 어떤 학과에 진학할 것인지, 지금 만나는 사람과 결혼을 할 것인지, 사는 곳에서 다른 지역으로 이사를 할 것인지와 같은 중요한 질문, 즉 선택에 따른 결과의 효과가 큰 질문은 시간을 두고 숙고해서 신중하게 대답해야 한다. 반면에 오늘 점심으로 무엇을 먹을지[5], 저녁에 친구와 약속을 잡을지 말지, 주말에 가까운 교외로 드라이브를 갔다 올지 등의 질문은 오래 고민하지 않아도 답을 내릴 수 있다.

기술에 대한 질문과 의사결정 프로세스도 이와 마찬가지다. 어떤 기술적 의사결정을 내려야 할 때,

5. 오늘 점심으로 무엇을 먹을지는 사실은 엄청난 고민이다. 더군다나 오래 생각한다고 해서 최적의 해가 나오는 것도 아니다.

때로는 신중하고 조심스럽게 해야 하고 때로는 그 반대로 해야 하는 경우가 있다. 서비스의 장기 운영을 생각해야 할 때가 있고, 한 번만 대충 쓰고 버려야 할 때가 있다. 어떤 때는 미션 크리티컬 한 시스템이라서 안정성이 철저하게 검증된 솔루션만 써야 할지도 모른다. 보안성이 반응성보다 중요한 경우가 있고, 안정성보다 확장성이 중요한 경우도 있다. 이처럼 우리는 기술 선택을 하기 전에 현재 우리가 다루어야 하는 문제가 어떠한 것인지부터 명확하게 정의를 내릴 필요가 있다. 이런 정의 없이 다짜고짜 기술 선택에 대한 결정을 내리게 된다면 오버 엔지니어링(overengineering)을 하게 될 가능성이 매우 높아지게 된다.

좋은 개발자는 특정 기술이나 개발 방법론 또는 트렌드를 무조건 신봉하면 안 된다. 하지만, 많은 개발자는 당면한 문제에 필요한 엔지니어링보다는 본인들이 해보고 싶은 엔지니어링을 더 갈망한다. 어떤 개발자들은 특정 개발 방법론을 도입 검토 없이 맹목적으로 따라 하려고 한다. 또 어떤 개발자들은 유명한 누군가가 무엇을 했다고 하면 우리가 그것을 안 하는 것은 트렌드에 엄청나게 뒤처지는 것이라고 말하기도 한다. 그들의 말에도 일리는 있다. 본인들이 해보고 싶은 엔지니어링을 하는 그 갈망 속에서 드물게 좋은 제품이 나오기도 하고, 특정 개발 방법론의 도입이 우리의 생산성을 크게 향상해줄 수도 있다. 또한, 영향력 있는 사람들이 걸었던 길에서 미처 생각지 못했던 우리의 문제점이나 지향점을 발견할 수도 있다. 하지만 그렇다고 하더라도 맹목적인 끌림에만 의존해서 기술을 선택하기에는 우리가 가야 할 목적지가 너무나 멀고도 험하다. 어떤 선택을 했느냐에 따라 목적지로 가는 길이 잘 다져진 반듯한 도로일 수도 울퉁불퉁하고 장애물이 많아서 매 순간이 너무나도 힘든 험난한 길이 될 수도 있다.

여러분이 올바른 의사결정을 하기 위해서는 한 발짝 떨어져서 문제를 냉철하게 분석하는 접근법이 필요하다. 그리고 한 번 내려진 결정에 대해서는 다음에 다른 엔지니어가 왜 이것을 썼는지 이유를 물어올 때 막힘 없이 이유를 말할 수 있어야 한다. 시간이 지나서 돌아봤을 때 당시의 결정이 틀린 것일 수도 있다. 맞고 틀리고가 중요하다기보다는 그 문제에 대해 고민을 했다는 사실이 중요하다고 생각한다. 고민을 통해 나오게 된 결정은 나중에 그 결정이 틀렸더라도 나의 재산으로 쌓일 것이다. 하지만, 별생각 없이 따라 하고 흉내 내는 것들은 그 순간이 지나면 더 이상 내 것이라고 이야기하기 힘들 것이다. 결국 내것으로 만들지 못하고서 우리는 이런 핑계를 대곤 한다. "내가 그 방법론 써봤는데, 이상과 현실은 다르더라고…". 당연히 다를 수밖에 없다. 그렇게 선택한 것 자체가 너무 비현실적이었기 때문이다.

　이 책을 빌어 나의 부끄러운 일화를 좀 들려주고 싶다. 내가 업계에 처음 발을 들일 때는 한참 NoSQL과 캡 이론(Cap theorem) 같은 것들이 인기를 끌던 시절이었다. 그때는 멋모르고 주변의 동료들에게 "Cassandra를 안 쓰는 것은 정말 바보 같은 일이야!", "우리 같은 서비스를 운영 유지하려면 MongoDB 정도는 써야지."라는 말을 하곤 했다. 이 글을 쓰면서 다시 돌이켜 봐도 부끄러운 기억이다. 하지만, 그런 부끄러운 기억들로부터 나름의 철학을 도출할 수 있었고 그것을 이제 다른 사람들에게 나누려고 하고 있으니 너무 비웃지는 말아주었으면 좋겠다는 작은 소망이 있다.

　우리가 던져야 할 중요한 질문은 "어떤 기술로 문제를 풀었는가?"가 아니라 "이 문제를 풀기 위해서는 어떤 기술이 필요한가?"이다.

0203
서비스 상태에 대한 직감

어린 시절 어른들과 시장에 가보면 채소나 과일 가격을 보시고는 저번보다 올랐는지 내렸는지에 대해 말씀해 주시던 기억이 한 번쯤은 있을 것이다. 어른들은 자주 시장에 다니며 물건 값의 변동을 민감하게 느낄 수 있게 된 것이다. 단순히 자주 시장에 간다고 해서만 그런 감각이 생기는 것은 아닐 것이다. 물건을 고를 때 가족의 경제 상황과 양질의 위생 그리고 최적의 영양 공급에 대해 고민하는 사랑의 마음을 가지고 시장을 돌면서 상품들을 유심히 관찰했을 가능성이 크다. 그런 디테일한 관찰의 결과로 음식물이 싱싱한 상태일지, 맛이 어떠할지, 가격이 상대적으로 오른 것인지 내린 것인지 일일이 기록을 뒤져서 비교하며 설명하거나 증명하지 않아도 곧바로 느껴서 알 수 있는 직감이 생긴 것이다.

"Something's wrong"

위와 같은 맥락으로 소프트웨어 기반의 서비스를 운영한다면 그것의 상태 변화를 직감적으로 감지해 낼 수 있어야 한다. 지금 서비스가 안정적인 상태인지 무언가 이상한 것이 있는지 무심코 봐도 느껴서 알 수 있어야 한다. 특히, 프론트엔드 개발은 문제가 조기에 발견되는 경우가 많지만 백엔드에서 발생하는 문제는 운영 중에 서서히 드러날 가능성이 높다. 백엔드 개발을 하는 사람이라면 누구나 액세스 로그(access log)나 애플리케이션 로그(application log), 동시 접속한 세션 수, 인프라 성능 정보 같은 것들을 모니터에 띄워 둔 경험이 있을 것이다. 쏟아지는 로그와 기민하게 변하는 숫자와 그래프들 속에서 의미 있는 변화를 감지해 내지 못한다면 내가 이 서비스에 대해 정말 관심이 있는 것이 맞는지 스스로 점검을 해 볼 필요가 있다. 비단 로그나, 인프라 정보 등을 보고 아는 것뿐만이 아니라 실제로 서비스에서 표현되는 데이터도 여느 때와 무언가 다른 점이 느껴진다면 인간 이상 탐지(human anomaly detection)를 할 수 있어야 한다.

개발뿐만이 아니라 우리가 하는 모든 일에 관심과 사랑 없이는 발전을 도모하기는 힘들 것이다. 첨단 모니터링 체계를 갖추고 디버깅을 위해 빵부스러기(breadcrumbs)를 아주 빼곡히 남긴다고 한들, 빠르게 문제가 발생했음을 알아차리지 못하고 그것을 해결하지 못한다면 그 모든 활동은 본질적인 요구사항을 충족시키지 못하는 의미 없는 노동력 소모일 뿐이다. 제일 처음에 예를 든 것처럼 부모님이 가족을 사랑하는 마음을 담아 시장을 보듯이 내가 담당하고 있는 소프트웨어를 사랑했으면 한다[6]. 사랑하게 되면 그것에 대한 모든 것이 느껴질 것이다. 연인이 서로 사랑을 하게 되면 상대방이 기쁜지, 슬픈지, 아픈지, 즐거운지 등을 자연스럽게 느낄 수 있게 되듯이[7], 우리는 소프트웨어를 모니터링하면서 메모리가 더 필요한지, 디스크가 부족하지는 않은지, 오류 로그는 없는지, 자원 분배는 잘되고 있는지 등을 끊임없이 직감적으로 간파하고 지속해서 개선해나가야 한다.

물론 운영하는 내내 이 모든 것들을 사람이 시간과 노력을 투자해서 들여다보고 있어야 한다는 말은 당연히 아니다. 자동으로 감지 및 복구할 수 있는 부분들은 지속해서 자동화해 나가야 한다. 요즘에는 이상 감지를 스마트하게 할 수 있게 해주는 데이터 사이언스 모델이 많아서 단순한 규칙 기반(rule-based) 보다 훨씬 다양하게 통계적으로 유의미한 이상 상황을 감지하는 체계를 구축할 수

6. 지금 진행 중인 개발프로젝트의 이름이 있다면 마음속으로 그 사랑하는 이름을 되뇌어 보자.

7. 후배에게 이런 설명을 해준 적이 있는데, 모태솔로라서 그게 어떤건지 모르겠다고 한 적도 있다. ☻

있다. 하지만, 어떤 모델을 써야 할지 어떤 데이터를 어떻게 수집해서 어떤 식으로 조합해서 컴퓨터가 보게 할지는 결국 사람이 결정해야 한다. 그 결정을 하기 위해서는 앞서 이야기했던 '서비스의 전반적인 부분을 훑어보고 어떤 문제가 있음을 직감적으로 판단할 수 있는 역량'을 키워 둘 필요가 있다. 결론적으로 그 역량을 키우기 위해서는 결국 우리의 제품에 대해 관심과 사랑을 가져야 한다는 말이다.

소프트웨어를 모니터링하면서 메모리가 더 필요한지, 디스크가 부족하지는 않은지, 오류 로그는 없는지, 자원 분배는 잘되고 있는지 등을 끊임없이 직감적으로 간파하고 지속해서 개선해나가야 한다.

0204
문제를 외면하지 마라

여러 개발자들과 개발을 하다 보면 업무 메신저 창에서 이런 형태의 대화를 본 적이 있을 것이다.

"갑자기 조회 API가 에러를 뱉네요[8]. 누가 좀 봐주세요."
"(…무응답)"

분명 그 메시지를 모두가 읽은 것으로 나오는데 그 누구도 오랜 시간 동안 대답이 없다. 결국은 하루나 이틀 정도 지나서 개발 조직 바깥의 사용자들에게 문의가 들어오기 시작한다. 문의를 준

8. "뱉다"의 사전적 의미는 "입 속에 있는 것을 입 밖으로 내보내다" 이다.

사람이 평소 자주 커뮤니케이션하던 사람이면 비교적 빠르게 인지가 가능하지만 평소에 채널이 없는 사람이나 조직으로부터 문의를 받게 되면 문제 해결은 점점 더 더디어진다. 실제로 우리는 일을 하면서 메신저나 이메일 또는 기타 협업 툴을 이용하며 이런 문제를 경험한 적이 있을 것이다.

　강한 어조로 부르짖건데 문제 해결에 관심 없는 개발자들은 그냥 이 분야를 떠나는 것이 맞다고 본다. 우리가 가져야 할 자세는 우리의 제품에 문제가 있다는 이야기를 들었을 때 그 문제를 해결하기 위해 적극적으로 달려드는 것이다. 내가 작업한 부분과 관련이 있든지 없든지 간에 소스의 레파지토리에 읽기 권한 이상으로 접근할 수 있는 개발자가 있다면 그 누구라도 그 문제를 해결하는 것을 마다하지 않아야 할 것이다.

　그나마 주변에 문제를 빠르게 파악하고 담당 개발자에게 빠르게 할당할 수 있는 실력 있는 PM이 있다면 상황은 나을지도 모르겠다. 하지만, 우리는 항상 그런 PM과 일을 할 수 있는 것은 아니다. 기술에 대한 배경지식이 없을 수도 있고, 열정이 떨어질 수도 있고, 심지어는 프로젝트에 PM 자체가 없을 수도 있다. 실력 있는 엔지니어가 되기 위해서는 문제를 마주하길 두려워하지 말기 바란다. 우리는 추측 게임 (Guessing game)을 하기 위해 모인 것이 아니다. 누군가가 추측 게임을 맞춰줄 때까지 문제를 외면하고 있다가, 마침내 내가 작업한 곳과 가까워졌을 때야 "그럴리가 없는데?[9]" 하면서 움직여서는 안된다.

문제를 발견했을 때나 내 문제로 드러났을 때의 태도도 중요하다. 내가 스스로 나로부터 기인한 문제임을 모두에게 밝힐 수 있어야 하고, 남이 내 문제였음을 밝히는 것에 분노하지 않아야 한다. 마찬가지로, 동료가 발생시킨 문제이거나 그가 작성한 코드에 문제가 있을 때도 그것에 대해 열린 자세로 이야기할 수 있어야 한다. 중요한 것은 서로가 서로의 코드에 대해 논의하고 조언할 수 있어야 하고 그 속에서 나오는 갈등을 잘 관리할 수 있어야 한다는 것이다.

동료 개발자들이 문제를 외면하지 않도록 문제를 잘 설명하는 것도 중요하다. 밑도 끝도 없이 자신의 관점으로 문제를 전파하는 프로그래머들이 있다. 예를 들자면 "소켓 연결이 끊기는데 왜 그럴까요?", "REST API에서 왜 계속 500 에러가 나는지 아시는 분?" 과 같은 질문이다. 이런 이야기를 들으면 무엇을 도와줘야 할지를 모르겠다. 소켓 연결이 끊길 수 있는 모든 사유를 다 찾아주기를 바라는 걸까? HTTP ERROR 중에 500 에러

9. 개발자 자기 변명 스킬의 또 다른 이름 - '그럴리가 없는데?'

가 무엇인지 설명이 필요한 걸까? 트러블슈팅에 도움을 구하기 위해서는 좀 더 친절하게 설명하고 그것을 재현할 수 있는 방법을 동료에게 알려줄 필요가 있다. REST API 관련된 질문은 이렇게 바꿔보면 어떨까? "제가 이번에 추가한 something api에서 500 에러가 나는데요. 레파지토리에서 thisis-webapp을 복제하시고 구동하신 후에 제가 드린 curl 명령어를 날려보시면 500 에러가 날 거에요. 근데 이상하게 파라미터를 이렇게 했을 때는 잘 되고 저렇게 했을 때만 재현이 되는 것 같아요. 제가 놓친 부분 좀 찾아주세요." 이렇게 재현할 수 있는 방법까지 전달하면 동료 개발자 들로부터 훨씬 적극적인 도움을 받을 수 있을 것이다. 결국 입장 바꿔서 내가 들어도 도움을 줄 수 있을만한 디테일을 담아서 문제 해결에 대한 도움을 청하길 바란다. 어쩌면 동료들이 관심이 없는 것이 아니라 내가 너무 무성의한 것일 수도 있다.

문제를 해결하는 능력은 경험이 쌓일수록 더 좋아진다. 더 좋아지는 속도에 가속도를 붙이려면 결국 문제를 많이 접해보아야 하고 개별 문제를 해결하기 위해 노력을 해야 한다. 발생한 문제의 근본 원인을 빨리 찾는 사람일수록 애초에 문제를 만들어 내지 않을 가능성도 높다. 결국 애초에 문제를 만들지 않으려면 지금 산적한 문제들을 외면하지 말고 원인을 찾기 위해 고

군분투하길 바란다. 원인을 찾는 것은 어렵지 않다. 제일 처음에 이야기했듯이 나로부터 찾으면 가장 빠르다.

0205
고장률 제로라는 목표의 함정

개발 조직에서 일하다 보면 한 번쯤은 고장률 제로라는 목표를 들어본 적이 있을지도 모르겠다. 나는 고장이 나지 않게 한다는 목표는 소방방재청에서 자연재해 발생률 제로를 목표로 잡는 것과 비슷하다고 생각한다. IT서비스에서 장애란 거의 자연재해와 비슷한 수준으로 예측하기 어렵다. 수십만 줄의 코드의 조합, 네트워크 상황, 장비의 문제, 외부 서비스와의 연동, 사람의 실수 등등 고장을 일으키는 요소는 너무나도 많고 복잡하다. 한편 목표는 곧 평가와 보상으로 직결되는 매우 중요한 요소이다. 엔지니어의 이상과 비전으로써 고장이 없게 하는 것은 응당 추구할만한 가치이지만 목표로써는 애초에 달성이 불가능하기 때문에 부적절하다고 생각한다. 심지어 달성 가능 여부를 떠나서 고장이 나지 않게 하자는 목표는 생각보다 역기능

이 많다. 이를 테면 장애가 난 사실을 숨긴다거나 장애가 난 사실을 외면하려고 하는 것 등이다.

조직에서의 목표란 바로 성과 평가로 이어지는 것이라는 것을 감안할 때 만약 고장이 난 횟수 자체로 개발자의 성과에 페널티를 주는 목표가 있다면 개발자들은 이 통제하기 힘든 고장이 발생했을 때 빠르게 문제를 해결하기보다는 내가 이 문제의 발생과 관련이 없음을 증명하는 데 온 힘을 쏟을 것이다. 복구를 기다리는 사용자들을 위해서 일분일초가 소중한 그 시점에 "지금 발생한 장애는 저희 쪽과 관련이 없어서 다른 부서에서 보는 것이 맞을 것 같아요."라는 대화가 오가는 것을 심심치 않게 발견할 수 있다. 만약 여러분도 비슷한 경험이 있고 그 당시를 떠올렸을 때 고구마 하나를 통째로 삼킨 것과 같은 답답함이 느껴진다면 〈고장률 제로〉라는 목표가 그 원인이었을지도 모른다. 그러한 목표보다는 오히려 '문제가 발생한 상황을 빠르게 파악할 수 있는 체계를 갖추게 하는 것'과 '그것을 빠르게 유관 조직에 전파하여 가시화시키는 것'이 우선시되는 목표와 환경이 장려되어야 한다.

인명을 다루는 구조대나 의료계에는 〈골든 타임〉이라는 것이 있다. 사고가 발생한 시간으로부터 특정 시간 이내에 대처

할 시 사고를 당한 사람이 생존할 확률이 비약적으로 높아진다는 말이다. 인명만큼 중요한 것은 아니지만 소프트웨어 서비스에도 골든 타임 같은 것이 있다고 생각한다. 많은 사용자를 가진 웹서비스라고 한다면, 장애를 얼마나 빠르게 감지하고 신속하게 처리하느냐에 따라 서비스에 대한 사용자의 신뢰도를 생존시킬 수 있는 확률이 비약적으로 올라갈 것이다. 덧붙이자면 인명을 구할 때는 신속하게 했다고 해서 구조 대상이 되는 사람의 건강이 더 좋아질 일은 없다. 하지만, 소프트웨어 서비스는 대처 역량에 따라 오히려 신뢰도를 종전보다 높일 수 있는 기회가 될 수도 있다.

 장애 처리가 끝난 후에도 관련된 사람들이 발생한 사고에 대해 허심탄회하게 털어놓을 수 있어야 한다. 대부분의 회사에서 장애 보고는 QA부서에서 많이 하는데 개발부서에서도 한다고 해도 개별적으로 하는 경우가 많다. 하지만, 장애 보고는 다양한 부서에서 다각도로 바라본 내용을 하나의 문맥(context)으로 정리할 수 있어야 한다. 그 안에는 고객과 사용자에 대한 내용도 담겨 있어야 하고, 비즈니스에 대한 내용도 담겨 있어야 하고, 기술에 대한 이야기도 담겨 있어야 하고, 서비스에 대한 내용도 담겨있어야 하고 마지막으로 담당자들의 생각도 담겨 있어야 한다. 이렇게 잘 만들어진 장애 보고서에 대해서도 좋은 평가를 해준다면 사람들이 장애 사례를 공부하고 전파하는데 더 많은 노력을 기울이게 될 것이다. 당연히 이런 정보를 악용해서 일부러 장애를 내려고 하는 사람은 없을 것이라 믿는다.

그렇다면 고장에 대한 내성이 강한 높은 품질의 서비스를 유지하기 위해서 필요한 진짜 목표는 어떤 것일까? 나는 아래의 3가지라고 생각한다.

- 신속한 장애 감지 - 사용자가 알기 전에 또는 거의 동시에 능동적으로 고장을 알아차릴 수 있었는지
- 수준 높은 장애의 극복 - 사용자에게 고장에 대한 적절한 피드백을 주고 빠른 시간 안에 문제를 특정하여 수정할 수 있었는지 (사용자 동향으로 측정할 수도 있음)
- 동일한 유형의 장애가 재발하지 않는 것 - 이전에 발생했던 장애가 다시 발생했는지 여부

이와 같은 목표가 설정된다면 개발자들은 좀 더 빠르게 고장을 감지하기 위한 여러 가지 장치를 하게 될 것이고, 좀 더 수준 높게 고장을 극복할 수 있도록 시스템을 개선해 나갈 것이다.

03

개발 Development

0301
할당만큼 중요한 해제

결국 우리는 '연산'과 '기억'이라는 두 가지 개념을 활용해서 프로그래밍을 해나간다. '연산'에 대해서는 프로그래머가 작성한 코드에 논리적인 오류만 없다면 컴파일러(compiler)가 해주는 여러 가지 최적화 작업을 통해 CPU라는 하드웨어(hardware) 자원을 비교적 효율적으로 활용할 수 있다. 하지만, '기억'이라는 개념과 연관이 있는 '메모리 관리(memory management)'의 경우에는 해당 프로그램이 실행되기 전에 어떤 프로그램에도 잘 작동하는 범용적인 최적화를 한다는 것은 거의 불가능에 가깝다.

물론, CPU의 활용(CPU utilization)에 대해서도 사람이 직접 실행 전략에 개입할 정도로 튜닝(tuning)을 해야 하는 경우가 있다. 하지만, 대다수의 프로그래머가 작성하는 프로그램은 최종 사용자 응용프로그램(end-user application)이다. 이러한 고수준의 응용프로그램은 CPU를 잘못 사용해서 프로그램이 강제종료(crash)되거나 개발 의도대로 동작하지 않는 경우가 드물다. 오히려, 메모리 관리를 제대로 하지 못해서 문제가 발생할 가능성이 훨씬 크다. 그러므로 논리적인 오류로 인한 결함을 제외한다면 메모리를 효율적으로 관리하는 것이 프로그램의 내구성을 튼튼하게 하는 데 큰 영향을 끼친다고 말할 수 있을 것이다.

메모리 관리 문제의 가장 대표적인 예시는 할당과 해제에 대한 문제이다. 이 문제는 수십 권의 책과 논문이 이미 수십 년 전부터 발행되어 있을 정도로 많은 과학자와 엔지니어들이 지속해서 관심을 가지고 있는 주제이다. 그 유명한 마이크로소프트사의 창업자인 빌 게이츠가 1981년에 "640KB의 메모리면 모두에게 충분하다."라고 말했던 시절을 떠올려보면 우리의 선배들은 대단히 메모리를 전략적이고 효율적으로 활용하는 엄청난 사람들이었을 것이다. 현재를 사는 우리가 그들이 걸었던 고난의 길을 다시 걸을 필요까지는 없겠지만 적어도 그 정신(spirit)은 이어받아야 한다고 생각한다.

사람들은 자원을 사용하는 것은 정말 잘하지만, 아끼고 정리하고 재활용하는 것은 늘 힘들어한다. 짐작건대 그러한 특성이 나타나는 것은 아마도 농경 생활 이전에 수렵, 채집하며 유목 생활을 하던 우리의 유전자에 쓸만한 소비재가 나오면 다음 장소로 이동하기 전에 빠르게 그 자리에서 소비해야 한다는 어떤 코드가 새겨져 있기 때문일지도 모른다. 어차피 이동만 하면 되기 때문에 자원을 소비하며 발생한 엄청난 부산물을 정리할 필요도 없었을 것이다. 프로그래밍도 마찬가지다. 경험이 부족한 프로그래머들은 메모리를 할당하는 것에 전혀 거리낌이 없다. RAM이 컴퓨터를 끄면 사라지는 휘발적인 메모리라는 사실은 모두가 잘 이해하고 있지만, 내가 지금 할당하고 있는 것이 메모리의 어떤 영역에 자리를 잡고 있는지, 그 자리의 크기는 얼마나 되는지, 그것이 언제 자리를 비워주는지에 대해서는 별로 관심이 없어 보인다. 하지만 그것을 알아야만 진짜 효율적인 메모리의 활용이 가능해진다. 모든 할당(allocation)에는 해제(deallocation) 전략이 함께 수립이 되어야 한다. 할당할 때 미리 고려하지 않으면 조금만 코드가 복잡해져도 인간의 머리는 그것을 따라잡기 위해 몇 배의 노력을 기울여야 한다. 아마도, 인간의 뇌 속에는 엄청난 처리 성능을 가진 가비지 컬렉터(garbage collector)가 있을 것이라고 상상해본다. 그 가비지 컬렉터는 LRU(Least Recently Used)[10] 방식의 알고리즘을 기

반으로 어떤 기억에 대한 포인터마다 참조 계수를 관리하고 사용한 지 오래된 포인터들을 삭제시켜버리는 기재로 동작할 것이다. 무언가를 만들고 할당하는 시점에 그것을 잘 파괴하고 해제하는 전략을 함께 세우는 것이 뇌 속에 캐시(cache)[11] 된 데이터를 효율적으로 활용할 수 있는 좋은 방법이라고 생각한다.

모던한 프로그래밍 언어들은 컴퓨터가 자동으로 스마트하게 메모리 관리를 해주는 기능들을 이미 탑재하고 있기 때문에 개발자가 메모리 관리에 대해 신경 써야 할 부분이 예전에 비해 크게 줄어든 것은 사실이다. 하지만 그렇다고 해도 메모리의 효율적인 할당과 해제는 여전히 프로그래머들이 신경 써야 할 중요한 요소임이 틀림없다. 오히려 각 언어나 VM들이 어떻게 메모리를 자동으로 관리해주는지 제대로 알아야 그 취지에 걸맞게 효과적으로 활용할 수 있다. 잘 모르고 사용하게 되면 자동 관리라는 좋은 기능이 도리어 우리가 메모리의 과도한 할당과 부적절한 해제로부터 기인한 문제를 빨리 찾지 못하게 하는 가림막이 되기도 한다. 메모리를 자동으로 관리해주는 기술

10. LRU 알고리즘은 페이지 교체 알고리즘(page replacement algorithm) 중의 하나로, 가장 오랫동안 참조되지 않은 페이지를 새로운 페이지로 교체하는 방법이다. 페이지 교체 기법 이외에도 일반적인 캐시(cache) 교체 알고리즘 개념 중 하나로서도 널리 쓰인다.

11. 나중에 다시 활용될 데이터를 더 빠르게 제공할 수 있도록 저장하는 방법

들에 대해서는 꼭 공부해 두길 바란다. 우리는 메모리를 효율적으로 잘 할당하는 개발자를 고급 개발자라고 부르기도 한다. 하지만, 할당과 더불어 해제까지 잘하는 개발자는 특급 개발자라고 할 수 있을 것이다.

0302
생명 유지 활동과 리팩토링

불과 몇 세기 전만 해도 식량을 구하는 문제는 사람들의 생존과 관련이 있는 매우 중요한 문제였다. 하지만, 요즘은 음식을 구하는 것이 음식물을 버리는 것보다 훨씬 쉬운 시대가 되었다. 특히, 오랜 시간을 의자에 앉은 채로 보내야 하고 움직임이 덜한 직업을 가진 우리 같은 사람들에게 체중 조절이라는 것은 언제나 마음속 한쪽에 남아 있는 이루고 싶은 소망 같은 것이 되어 버렸다. 계절이 바뀐 것을 느낀 어느 날 문득 거울을 보고 자신이 살이 좀 쪘다 싶으면 회사나 집 근처에 있는 헬스장 같은 곳을 뜬금없이 1년 치나 등록한다. 그리고선 한 달 정도 건강을 되찾기 위해 나름의 노력을 기울이다 기부 천사가 되어 버리는 모습을 주변에서 흔하게 볼 수 있다. 어쨌거나 우리가 살을 빼고 싶어 하는 이유는 물론 미려한 외관을 위한 것도 있겠지만 결국 건강하게 살고 싶기 때문이다. 몸이 좀 무거워졌다 싶으면 먹는 양을 줄이고 운동을 해서 신체의 유연성이나 근육량을 늘린다. 신체의 대사 작용을 정상 범주로 돌리기 위한 일련의 개선 활동을 반복적으로 하는 것이다.

리팩토링이란 것도 우리가 건강을 유지하기 위해 하는 활동과 비슷한 것이라고 생각한다. 프로그램 자체를 생명으로 본다면 그 생명이 최적의 상태를 유지할 수 있도록 끊임없는 개선 활동을 해야 하는 것이다. 리팩토링은 날을 잡고 한다는 접근보다는 비효율이나 중복이 늘어나면 언제든지 하는 것이라고 보는 것이 훨씬 바람직하다. 마치, 운동을 습관처럼 하는 사람들은 기본적으로 신체가 항상 최상의 상태인 것과 비슷한 맥락이라고 보면 될 것 같다. 물론, 대부분의 사람이 살을 한껏 찌웠다가 빼는 것처럼 리팩토링을 코드가 충분히 더러워질 때까지 기다렸다가 한꺼번에 하는 것도 나쁘지는 않다. 하지만, 오랜만에 운동을 하면 몸이 변화되는 과정에 적응하기 위해 한동안 근육통을 겪는 것과 같이 이미 복잡해져 버린 시스템을 본연의 기능을 유지한 채 한 번에 고치는 것이 쉽지만은 않을 것이다. 띄엄띄엄하는 리팩토링이라도 안 하는 것보다는 낫다. 때로는 지방흡입술과 같은 극적인 처방을 하기도 한다. 작성한 사람이 손댈 수 없을 정도로 코드가 꼬여 있을 때 외부에서 전문가를 고용해 프로그램 전반에 대한 분석을 진행하기도 한다. 그러나 현실은 지방흡입술과는 달리 외부 전문가를 도입한다고 해도 이미 빠져버린 혼돈에서 벗어나기는 결코 쉽지 않다. 하지만, 그래도 우리가 처한 상황이 나은 점도 있다. 사람은 새로 태어나는 것이 불가능하지만 프로그램은 처음부터 다시 만든다는 옵션도 있기는 하니까 말이다.

　리팩토링이라는 것은 결코 어려운 개념이 아니다. 리팩토링을 하기 위한 여러 가지 기법 그 자체를 의미하는 것은 더더욱 아니다. 책에 나오는 테크닉을 써야만 리팩토링을 한다고 볼 수 있는 것이 아니라는 뜻이다. 심지어 리팩토링 기법에 대한 모든 것을 책에 다 담을 수도 없다. 여러분의 개발 과정 중에 앞으로 나가는 것을 잠깐 멈추고 다음 전진을 더 빠르고 효율적으로 하기 위한 어떤 활동을 하고 있다면 주변의 동료들에게 자신 있게 리팩토링을 하고 있다고 말해도 좋다고 생각한다. 중요한 것은 이렇게 개발자들이 할애하는 리팩토링 시간을 충분히 인정하고 존중하는 것이다. 그러기 위해서는 결국 우리도 함께 일하는 사람들에게 리팩토링을 빌미로 의미 없는 시간 벌기를 해서는 안 된다. 당연하겠지만 리팩토링을 하겠다고 선언한 시간은 정말 리팩토링을 하는 데 온 힘을 쏟아야 한다. 그리고 이전과 달라진 점이 무엇인지 명확하게 동료들에게 소개할

수 있어야 한다. 그래야 우리의 리팩토링 시간을 계속 존중받을 수 있을 것이다.

RPG 류의 게임을 해보면 경험치를 2배로 주는 특정한 시간이나 이벤트 같은 것들이 존재한다. 개발자에게 있어서 리팩토링의 시간은 마치 그런 시간이라고 생각한다. 리팩토링을 하면서 지금 보다 더 나아지는 방법을 고민할 수 있고, 이전에 작성했던 코드의 비효율에 대해서 회귀해서 통찰할 수 있다. 그리고 그 과정을 통해 얻어진 깨달음들이 우리를 또 한층 성장시켜주는 원동력이 되는 것이다.

무언가를 배우는 학습의 과정에서 복습이 얼마나 중요한지는 모두 알고 있을 것이다. 리팩토링의 시간이 마치 복습과도 같은 시간이다. 그 시간을 잘 활용해서 여러분 자신도, 여러분이 개발하고 있는 프로그램도 언제나 최상의 상태를 유지하길 바란다.

0303
고장지점은 분산하고 관리지점은 집중하라

분산 아키텍쳐(Distributed architecture)를 설계하다 보면 SPoF(Single Point of Failure)[12]가 없도록 설계하라는 말을 많이 들어 봤을 거다. 단일 고장점으로 인해 시스템 전체가 위협받는 일이 없어야 하기 때문에 고장지점을 한 곳으로 집중시키지 말라는 뜻이다. 고장지점을 분산시키기 위해서는 주로 클러스터를 구축하여 처리량을 분산시키거나 상태를 나눠 가지기도 하고 때로는 같은 상태를 복제해서 동일하게 가지고 있기도 한다. 고장지점을 분산시키는 기법에 대해서는 너무나도 잘 알려진 여러 가지 접근법들이 있기 때문에 이 책에서는 굳이 다루지 않겠다. 이번 주제에서는 오히려 어떤 지점을 분산시키는 것과 반대되는 개념인 집중시켜야 할 것에 관해 이야기하고자 한다.

12. 단일장애점, 단일고장점, 단일실패점 이라고도 한다.

소프트웨어를 개발하는 과정 중에 조금씩 다른 비슷한 내용을 여러 벌 만들어야 하는 경우가 있다. 조금씩 다른 비슷한 내용을 여러 벌 만들게 되는 대표적인 사례로 서비스의 데이터를 설계하는 기획자와 코드를 작성하는 프로그래머가 분리되어 있는 경우에 각자가 관리하기 좋은 형태로 데이터 시트를 여러 벌 만드는 것이 좋은 예시가 되겠다. 기획자들은 범용적인 스프레드시트와 같은 툴로 데이터를 조작하고 시각화하는 것을 선호하고, 프로그래머는 데이터의 조작과 시각화보다는 프로그램이 효율적으로 읽기 좋은 구조로 만드는 데 관심이 많다. 개발단계 및 시스템 운영 초기 단계에는 이렇게 똑같은 내용을 두 벌씩 만드는 체제를 유지해도 어느 정도 문제없이 유지가 된다. 하지만, 운영 기간이 길어질수록 참여하는 기획자와 개발자 수는 점점 많아지고, 관리해야 할 스프레드시트의 종류도 많아지게 된다. 그쯤 되면 기획에서 관리하는 버전과 개발에서 관리하는 버전의 싱크를 맞추는 것이 쉽지 않게 되고 어느 순간부터 정합성이 깨지면서 서비스에 배포되고 나서야 문제를 알아차리게 되는 경우도 비일비재하게 발생한다.

조금 귀찮더라도 하나의 데이터 소스로부터 뒷 단의 프로세스에 필요한 것들이 자동으로 생산되는 체계를 개발 단계에서부터 구축해두는 것이 좋다. 데이터가 수정되는 포인트를 한 곳으로 집중시키고 실수가 많은 사람의 개입을 최소화하게 되면 시스템이 복잡해지더라도 문제가 발생할 확률은 매우 낮아질 것이다. 개발자들은 기획자들의 업무 수행 방식에 관심을 가져야 하고 연구를 해야 한다. 그리고 그들이 더 생산적이고 효율적으로 일할 수 있는 도구를 만들어주거나 방법을 제시해서 개발 산출물과 함께 이빨이 맞는 톱니바퀴가 돌아가듯이 만들어 줄 필요가 있다. 애초에 데이터 시트를 만드는 방법과 도구도 개발자가 개발해야 할 스펙에 포함된다고 생각하는 것이 나중에 더 크고 복잡한 문제로 고생하지 않는 좋은 예방책이 될 것이다.

앞의 사례가 개발자와 비개발자 사이의 관리 포인트를 하나로 만들어 주는 사례라면 이번에는 개발자들 간에 관리 지점을 집중시킬 필요가 있는 사례에 관해서 이야기하고 싶다. 클라이언트와 서버 간의 통신이 필요한 서비스를 만들다 보면 네트워크 프로토콜 규약을 여러 번 만들어야 하는 경우가 있다. 그나마 서버와 클라이언트가 사용하는 프로그래밍 언어가 동일하다면 프로토콜 소스를 잘 동기화만 하면 되는데, 두 개체가 서로 다른 프로그래밍 언어를 사용한다면, 심지어 클라이언트들 간에 더 다양한 언어로 작성되어 있다면 서버와 클라이언트들 간에 프로토콜을 일치시키는 문제는 매우 복잡한 문제로 바

뀔 것이다. 다행히도 메시지를 교환하는 것에 대한 직렬화 프레임워크와 라이브러리들은 이미 쓸만한 것이 많다.[13] 이것들의 기본 개념은 인터페이스 설명 언어(Interface Description Language)로 메시지 규약을 작성하고 거기에서부터 필요한 클라이언트와 서버의 소스를 만들어내는 것이다. 집중 관리해야 할 포인트가 IDL 밖에 없는 것이니 이해하기도 쉽고, 수정해야 할 포인트도 한 곳으로 줄어들고, 문제가 발생할 확률도 매우 낮아지게 되는 것이다.

개발을 하다가 똑같은 것을 여러 개체 간에 복사해서 써야 할 일이 있다면, 수정해야 하는 지점을 한 곳으로 줄이고 수정 대상이 되는 원본 파일로부터 사본들을 생산해서 각 개체로 전파하는 과정을 반드시 자동화하길 바란다.

13. 이를테면 protocol buffers, flatbuffer, thrift, avro 등이 있다.

애초에 데이터 시트를 만드는 방법과 도구도 개발자가 개발해야 할 스펙에 포함된다고 생각하는 것이 나중에 더 크고 복잡한 문제로 고생하지 않는 좋은 예방책이 될 것이다.

0304
하나의 프로세스에서 출발하라

마이크로 서비스 아키텍처에 대해서 한 번쯤은 들어 본 적이 있을 것이다. 하나의 큰 애플리케이션을 여러 개의 작은 애플리케이션으로 나누어 개별 컴포넌트들이 각자의 역할에만 충실할 수 있도록 약하게 결합함으로써 전체 아키텍처가 변경되는 경우에도 유연한 대처가 가능하게 하고 고장지점을 여러 곳으로 분산하여 전체 시스템의 안정성을 유지하는 데 강점이 있는 설계 방법이다. 사실 이 개념은 꼭 서비스 아키텍처가 아니라도 다양하게 사용된다. 어떤 목적들을 달성하기 위해 프로세스를 여러 개 띄워서 각 프로세스가 독립된 메모리를 사용하게 하고 개별 프로세스끼리 파이프(pipe)[14]를 통한 IPC(Interprocess communication) 또는 네트워크를 이용한 RPC(Remote

14. Interprocess communication을 위한 단방향 데이터 채널

procedure call) 등의 통신하는 방법을 택하기도 한다. 어떨 때는 여러 프로세스에서 수행하던 기능을 하나의 큰 프로세스를 만들어서 전체 메모리를 한 덩어리로 공유해서 작업하는 경우도 있다. 전자의 경우에는 통신하는 부분의 프로토콜만 잘 맞추어두면 여러 명이 나누어서 개발 및 테스트를 하기가 좋고, 변경 사항이 생겼을 때도 수정된 컴포넌트만 교체해주면 되는 장점이 있다. 또한, 장애를 허용하도록(Fault tolerant) 잘 구성했다면 특정 컴포넌트의 고장이 전체에 미치는 영향도는 매우 낮아지게 될 것이다. 반면에, 통신하는 방법에 따라 처리 속도에 페널티가 있을 수 있고, 컨텍스트 흐름을 모니터링하기가 쉽지 않다. 또한, 특정하기 힘든 문제가 발생했을 때 디버깅을 하기가 불편한 단점이 있다.

여러 개의 개별 컴포넌트로 시스템을 구성하는 것은 분명 큰 장점이 있다. 그리고 오랜 기간 발전하면서 운영해야 하는 서비스라면 반드시 도입이 필요한 구조라고 생각한다. 하지만, 거기에는 과정이 필요하다. 만약, 서비스의 내용은 다르더라도 기술적으로는 비슷한 큰 아키텍처를 운용해본 경험이 있거나, 벤치마킹을 할 수 있을 정도로 충분한 자료가 있다면 여러 개의 컴포넌트로 분할하면서 개발을 시작하는 것도 나쁘지 않은 선택이 될 것이다. 하지만, 그런 경우가 아닌데 아주 커질 가능성

이 있는 제품을 만들 예정이라면 하나의 프로세스에서 돌아가는 것부터 출발하는 것이 좋은 접근법이 될 것이다. 개발 경험이 거의 없는 개발자들은 보통 하나의 프로세스에서 모든 것을 해결하려 하므로 해당되지 않는다. 오히려, 어설프게 경험이 쌓인 개발자들이 마이크로 서비스 아키텍처, 람다 아키텍처 등 그 화려한 기술 용어 자체에 혹해서 무작정 컴포넌트들부터 분리하려고 하는 경우가 좀 더 흔한 사례 일 것이다. 일단 기본적으로 전체 시스템이 동작하는 컨셉을 증명(Proof of concept)하는 속도부터 매우 느리다. 그리고, 개발 초기에는 네트워크 등을 이용한 통신 구간을 안정화하는 비용이 꽤 클 텐데 문제가 발생하면 그 문제지점을 특정하는데 매우 많은 시간이 걸린다. 또한, 같이 일하는 개발자들에게 프로의식이 없다면 크로스로 체크해 줘야 할 부분들이 잘 체크가 되지 않고 그렇게 되면 기능 개발을 하기는커녕 문제만 해결하다가 가장 중요한 개발 초기 시간을 허비하게 될 수도 있다.

스탠드얼론 프로그램(Standalone program)은 그 자체로 완벽하고 아름답다. 이미 가본 길이거나 훌륭한 지침이 없는 이상, 우선 하나의 프로세스에서 돌아가는 것부터 출발하길 바란다. 세상에 극소수만 존재하는 천재가 아닌 이상 대부분의 인간이 가지고 있는 평범한 뇌는 동시에 여러 가지를 엮어서 이해하는 것에 매우 약하다. 우리는 본능적으로 우리가 다루어야 할 문제의 대상을 항상 이해하기 좋은 상태로 만들어 두어야 할 필요가 있다. 한두 개 정도의 프로세스로 기능상, 성능상, 운영상의 문제가 없는 것을 어느 정도 확신할 수 있는 지점에서 더욱 잘게 쪼개도 늦지 않다. 아직 도래하지도 않은 먼 미래의 대규모 운영을 생각해서 미리부터 쪼갤 필요는 없다. 그리고 아무리 초반에 오래 생각한들 개발 초기에 추측한 분산 구조가 시스템이 충분히 커졌을 때도 변동이 없을 확률은 매우 낮다. 처음부터 운이나 요행으로 정답을 맞히는 것을 노리는 것보다는 서서히 정답에 가까운 방향을 찾아가는 것이 엔지니어링의 묘미이기도 한다. 큰 서비스를 아주 기초 단계부터 설계해서 확장해본 경험이 있는 사람에게 담당했던 서비스에 대해 질문을 던져보면 최종 스냅샷만 나오는 것이 아니라 가장 초기의 모습부터 어떤 고민을 거쳐서 분할되고 합쳐졌는지에 대한 역사를 들을 수 있다. 그 이유와 선택을 이야기할 수 있다면 어떤 새로운 개발자들과 일하기 전에 인터뷰를 하게 되더라도 강한 인상을 줄 수 있을 것이다.

스탠드얼론 프로그램(Standalone program)은 그 자체로 완벽하고 아름답다. 이미 가본 길이거나 훌륭한 지침이 없는 이상, 우선 하나의 프로세스에서 돌아가는 것부터 출발하자.

0305
표준화를 위해서는 사례를 공부하라

개발 업무를 하다 보면 표준화, 공통화라는 말을 많이 듣고 사용하게 된다. 이 달콤한 단어들은 비단 프로그래밍을 업으로 하는 사람들에게만 연관된 단어가 아니다. 우리가 일상생활에서 하는 집안일이나 장보기 같은 일반적인 일부터 전문성이 요구되는 산업 전반에 걸쳐 인간이 하는 대부분의 일에 통용되는 말이라고 보아야 할 것이다. 어떤 일을 표준화하기 위해서는 결국 많은 과거의 사례로부터 핵심적인 부분만 추출하여 문제를 간결하고 이해하기 쉽게 만드는 추상화(abstraction) 능력이 요구된다.

먼 옛날의 우리 조상은 뛰어난 패턴 인식 능력을 이미 갖추고 있었다. 수많은 식물 중에서 독초를 구분해내거나 하늘의 별자리를 읽으면서 앞으로 다가올 계절의 변화나 사냥감의 이동 같은 것을 예측할 수 있었다. 이렇게 여러 가지 패턴으로부터 인사이트를 얻고 일반화시킬 수 있는 현저한 추상적 사고 능력을 갖춘 호모 사피엔스가 인류를 현재의 수준으로 번영시켜온 것을 보면 개개인 별로 약간의 성능 차이는 있겠지만 우리 모두 뛰어난 추상화 기계를 머릿속에 하나씩은 가지고 있다고 보아도 될 것 같다. 그 어떤 뛰어난 기계나 도구라도 제대로 사용하지 않으면 본연의 효과를 뽑아내기는 힘들다. 우리가 가진 추상화 기계는 최초의 어떤 추상화된 모델을 도출하기까지 충분히 많은 사례를 입력으로 넣어줄 필요가 있다.

신입 사원 때 게임 퍼블리싱 사이트의 웹 이벤트 페이지를 만들던 시절이 있었다. 1~2주 정도의 빠른 사이클로 기획부터 출시까지를 상당히 빠르게 반복할 수 있었던 업무였고, 이벤트의 스펙에 따라 내가 할애할 수 있는 개발 시간은 3~5일 정도였다. 업무를 처음 맡게 되었을 때는 실수도 많이 했고 근무시간 외 추가 작업도 많이 했었다. 심지어 가장 첫 이벤트 페이지를 오픈할 때는 꽤 크리티컬 한 서비스 장애도 일으켜서 같이 일하는 분께 되도록 신입 개발자는 투입하지 않았으면 좋겠다는 클레임까지 들은 적도 있었다. 다행히 그다음부터는 큰 문제를 일으키지는 않았다. 자동차 사고도 한번 당해보면 그다음부터 사고를 안 낸다는 말처럼 큰 서비스 장애를 겪고 나니 마음가짐이나 생각하는 방식이 달라지는 계기가 되었던 것 같다.

　업무를 반년쯤 반복해서 진행하다 보니 사실 비슷한 기능을 계속 반복해서 쓰고 있었다. 특히나, 중복처리 방지, 이벤트 시간 조정, 이벤트 참여 기록 남기기, 이벤트 참여권 같은 재화 종류의 증/차감 등 기능적인 측면에서는 분명 거의 동일하게 반복해서 들어가는 기능이었다. 그러다가 든 의문은 그렇다면 이벤트의 유형들도 어쩌면 반복되지 않을까? 하는 생각이었고 지난 3년 동안 선배들이 했던 이벤트와 내가 진행했던 이벤트를 모조리 리스트업 해서 모든 페이지 소스와 링크를 하나씩 열어보면서 공부를 했다. 그 결과 매년 비슷한 시기에 비슷한 이벤트를 한다는 가설이 맞았다. 그다음 약 한 달 정도의 시간을 들여서 업무 시간 중에 틈틈이 남는 시간 그리고 주말이나 밤 시간을 활용해서 약 70% 정도의 웹 이벤트를 코드 작성 없이 운영 툴 만으로 설정할 수 있는 체계를 만들었다. 사실 여기까지 하고 나서 나한테 필요한 개발 일정은 이제 3~5일에서 1일 이내로 줄었다. 1일은 마크업을 적용해보거나 테스트를 하는 시간 정도로 충분했다. 심지어 어떤 이벤트는 아예 내가 관여할 필요도 없게 되었다. 그렇게 나름의 표준화를 이루었고, 장애 당시에 신입 개발자는 중요한 서비스에 투입을 안 했으면 좋겠

다고 문제를 제기하셨던 분이 지금은 본인이 같이 일해 본 개발자 중 최고라는 말씀을 만날 때마다 해주셔서 감개무량하다.

　가장 최근까지 진행했던 게임 테스트 자동화 프로젝트도 비슷한 포인트가 있어서 소개하고 싶다. 게임 테스트는 매번 새로운 빌드가 나올 때마다 이미 존재하던 기존 콘텐츠와 새롭게 추가된 콘텐츠를 테스트해야 하므로 지속적으로 테스트 분량이 증가하고 일반적인 모바일 애플리케이션과는 달리 예외 상황이 발생할 만한 구간들이 너무나도 많기 때문에 늘 힘들고 고된 작업이다. 이 프로젝트에 대해서도 상당히 재미있는 전략이나 기술적인 접근 방법들이 많이 있지만, 이 책에서 소개하기는 힘들 것 같다. 결론적으로 테스트 자동화 프로젝트는 최초에 목표한 지점까지 도달하여 실제 단순 반복적인 게임 테스트를 효율화하는 사례들을 도출해 낼 수 있었다. 나는 그 지점까지 도달할 수 있었던 가장 큰 원동력은 역시나 모든 게임의 테스트 케이스들과 각 담당자의 게임 테스트 방식에 관한 공부였다고 생각한다.

　위에 소개한 두 가지 경험에서 내가 했던 가장 하기 싫고 고통스러운 작업은 무엇이었을까? 첫 번째 사례에서는 3년 동안의 과거 사례를 찾아내고 공부하는 것이었고, 두 번째 사례에서는 모든 게임의 테스트 케이스와 테스트 엔지니어들이 테스트 하는 방식을 연구한 것이었다고 말할 수 있다. 이 두 가지 작업은 가장 힘들고 고통스러웠지만 결국 프로젝트가 성과를 내는 데 제일 크게 기여를 한 가치 있는 일이었다. 만약에 이 작업을 하지 않고 사례를 모으는 게 귀찮아서, 사람들을 쫓아다니는 게 버거워서 하지 않았다면 성과를 낼 수 없었을 거라고 생각한다.

어떤 일을 표준화하고 싶다면 과거와 현재의 많은 사례를 수집하고 공부하길 바란다. 공부를 하다 보면 결국 지배적이고 핵심적인 문제가 무엇인지 보일 것이다. 이것을 잘할 수 있는 소프트웨어 엔지니어가 된다면 어떤 곳에서 어떤 문제를 맡게 되더라도 잘 헤쳐나갈 수 있을 것이다.

04

협업 Coworking

0401
눈높이에 맞게 단어를 선택하라

주변의 동료들에게 광역으로 어려운 기술용어를 남발하는 사람 치고 실제로 좋은 소프트웨어를 구현해내는 사람은 무척 보기 힘들다. 결국 사람이 쓸 것을 만드는데 다른 사람을 그 사람의 눈높이에서 쉽게 이해시킬 수 있어야 쓸만한 물건을 만들 수 있는 것이다. 상대방이 이해하지 못하는 말은 아무리 열심히 해봐야 사무실에서 어렴풋이 웅웅 거리는 컴퓨터 팬 소음과 크게 다르지 않다. 나는 이렇게 동료 간에 지식적인 수준 차이로 인해 한쪽이 이해하지 못하는 문제에 대해 이해하지 못하는 사람의 책임을 묻기보다는 이해를 못 시키는 사람이 좀 더 노력해야할 문제라고 생각한다.

우리가 소통해야 할 대상은 너무나도 많다. 고객, 사용자, 개발자 동료, 테스터, 기획, 디자인 등등 이 모든 사람이 동일한 이해도와 눈높이를 가지고 이야기할 때 비로소 훌륭한 아이디어와 냉철한 시야를 가질 수 있게 되며 그 첫걸음이 눈높이에 맞는 단어 선택이라고 생각한다. 높은 눈높이를 가진 사람은 충분히 눈높이를 낮출 수 있는 아량이 있어야 하고, 낮은 눈높이를 가진 사람들은 높은 눈높이를 가진 사람을 존중하며 함께 소통할 수 있도록 노력해야 한다.

엔지니어들은 자신이 알고 있는 기술에 대해 늘어놓기를 좋아하는 특성이 있다. 건전한 기술 토론을 하거나 자신이 가지고 있는 지식을 동료들에게 나누어주면서 식견을 더욱 견고하게 단련하는 것은 정말 좋은 것이지만 때로는 늘어놓기를 좋아하는 특성이 잘못된 방향으로 발현되기도 한다. 이를테면 중요한 것은 본인과 상대방이 같은 눈높이에서 문제를 이해하는 것인데 본질은 잊은 채로 상대방은 이해하지 못하는 어려운 기술 용어를 남발하면서 "내가 이렇게 어려운 단어를 많이 사용하는 엔지니어야."라고 만족해하며 자신의 가치를 증명하려고 하는 것이 그것에 대한 안 좋은 예가 되겠다.

엔지니어의 실력과 가치는 잘난 척이나 으스대는 것으로부터 나오는 게 아니다. 우리의 가치는 문제를 해결해 내는 성과

를 통해서만 증명된다. 문제를 해결하기 위해서는 소통이 필요하고 그 소통을 하기 위해서는 서로 간에 눈높이를 맞추기 위한 노력을 해야 한다. 눈높이에 맞는 단어를 선택할 수 있으려면 엔지니어링 용어에 대한 어휘력을 향상할 필요가 있다. 평소에 새로운 말이나 긴가민가한 단어가 나오게 되면 그냥 넘어가지 말고 꼭 공부해서 정확히 알고 넘어가도록 노력하자. 어설프게 습득한 지식이 쌓이고 쌓이면 나중에 잘못된 의사결정을 할 가능성이 매우 커지고 동료 개발자들도 이 사람은 도대체 어디서부터 잘못된 것인지 가늠하기 힘들게 된다.

'뇌'가 이해하고 있는 내용을 '입'이라는 기관을 통해 출력하게 되면 데이터의 손실률이 엄청나다. 누군가에게 무엇을 설명을 할 수 있다는 것은 그것보다 10배를 더 알고 있다는 뜻과 같다는 말이 있을 정도로 내가 알고 있는 내용을 남에게 설명하는 것은 결코 쉬운 일이 아니다. 하지만 우리는 그것을 단련할 수 있다. 어려운 것을 쉽게 설명하려고 노력하면 할수록 우리의 지식은 더욱 완성되어 간다.

지식의 완성도는 누군가에게 그것을 나누어 줄 때마다 견고해진다.

또한, 내가 단어의 뜻을 이미 제대로 알고 있다고 해서 아직 정확하게 모르는 사람을 깎아내려서는 안 된다. 오히려 그럴 때는 나의 기술 용어에 대한 지식의 완성도를 높이면서 상대방도 이해시킬 수 있는 물실호기勿失好機로 삼아야 한다. 최대한 그 사람이 알아들을 수 있는 비유를 들어 설명하고 너무 직설적이지 않게 올바른 용어를 그 사람이 배울 수 있도록 이끌어 낼 수 있다면 당신은 좋은 영향을 주는 개발자라고 할 수 있을 것이다.

서로의 눈높이를 맞춰가며 오랜 시간을 같은 프로젝트에서 함께 일한 사람들끼리 대화를 나누게 되면 기술과 무관한 직무에 있는 사람의 수준도 점점 높아져서 어느 순간에는 쉽게 이야기해야 하는 노력을 덜 들여도 충분히 소통할 수 있게 된다. 이렇게 같이 일하는 사람들이 성장해 나가는 것을 보는 것은 보너스로 따라오는 즐거움이다.

그리고 그들은 당신에 대해 개발자 치고는 드물게 대화라는 것이 가능한 실력 있는 엔지니어라고 생각할 것이다.

0402
일정은 협의하는 것이다

하나의 서비스를 만들기 위해 우리는 다양한 직무의 전문가들과 협업을 한다. 협업을 위해서는 필수적으로 일정에 대한 협의를 하게 되는데, 가끔 우리는 일정을 협의하는 과정 중에 흡사 시장에서나 볼 법한 풍경을 보게 되는 경우가 있다.

PM: "개발 일정이 5일이라니 너무 오래 걸리는 거 아니에요?"
개발자: "음… 5일도 많이 당긴 일정인데, 그럼 4일 만에 해볼게요."
PM: "4일도 많아요… 3일 만에 해주세요."
개발자: "4일 미만은 절대 안 됩니다."
PM: "그럼 QA 일정을 하루 뺄까요?"
QA: "휴우… 어쩔 수 없죠….'

위의 대화를 보면 여러 직무에 있는 사람들이 시간이라는 귀중한 자원을 두고 흥정을 하고 있다. 개발 일정은 흥정이나 협상을 해야 하는 대상이 아니다. 개발자가 선언하는 개발 일정에는 무게감과 신뢰가 있어야 한다. 개발자가 제시하는 일정은 동료들에게 반문의 여지가 없는 정직한 일정이어야 한다. 일정을 협의하는 중에 위와 같은 유형의 대화가 오고 간다면 해당 프로젝트의 개발자는 다른 구성원들로부터 신뢰를 받지 못하는 상태일 가능성이 높다.

만약 어떤 프로젝트를 처음으로 같이 하게 되었다면 개발자가 선언한 일정에 대해 구성원들의 의혹이 있을 수 있다. 하지만, 지속적으로 함께 프로젝트를 하는 사람들과 이런 일이 멈추지 않고 발생한다면 그것은 문제가 있다.

내(개발자)가 제시하는 일정을 같이 일하는 사람들이 믿지 못하는 것 같다면, 두 가지를 의심해 보자.

    1. 나는 정말 제대로 된 일정을 산정할 수 있는가?
    2. 나는 내가 약속한 일정을 잘 지켰는가?

개발자가 진실한 내면을 가졌고 업무 진행에 특별한 변수가 없다면, 그리고 제대로 된 일정을 산정할 수 있다면 그것을 지키는 것에도 큰 무리가 없을 것이다. 위의 2번이 마인드셋에 가까운 문제라고 한다면 1번은 역량의 문제다. 우리가 실력 있는 개발자라고 인정받고 싶다면 개발 일정을 거의 정확하게 예측할 수 있는 역량을 키워야 한다. 당신은 프로 개발자이고 프로는 일정을 산출할 수 있어야 하기 때문이다. 비즈니스 세계에서 일어나는 모든 개발 활동은 투자이다. 시간에 대한 투자이기도 하고 돈에 대한 투자이기도 하다. 다른 모든 구성원은 그룰에 기반하여 움직이는데 유독 개발자들만 일정을 잡을 때 엄살을 부리는 경우가 종종 있다. 내가 본 후배 중에서도 일정을 수립하는 것에 고통을 겪는 모습을 많이 보았는데 일단 어려워해야 할 대상도 아니고 고통스러움을 느껴야 할 대상은 더더욱 아니다. 어렵고 고통스러운 것과 상관없이 개발 시간을 계산하는 것은 꼭 해야만 하는 일임을 명심하길 바란다.

일정이 얼마나 걸릴 것 같냐는 질문에 대해 신뢰를 단번에 잃게 만드는 가장 최악의 대답은 "나도 모른다. 해봐야 안다."이다. 이런 대답을 하는 사람을 전문가라고 다른 사람들이 인정할 수 있을까? 나는 아닐 거라고 생각한다. 어떤 경우에는 처음 접해보는 기술이거나 모르는 분야라서 정말로 얼마나 걸릴지 모를 수도 있다. 그럴 때는, 이렇게 대답한다면 어떨까?

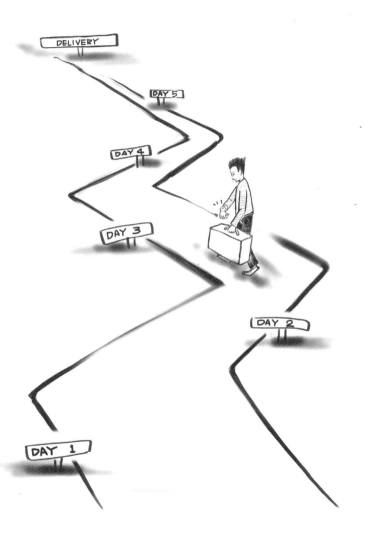

"그 스펙을 구현하기 위해서는 이러한 기술에 대한 사전 조사가 필요한데, 이 기술을 조사하는데 최소한 3일 정도의 시간이 필요합니다. 최악의 경우에는 시간이 길어질 수도 있지만 선행 기술 조사 후 반드시 피드백을 드리겠습니다."

프로페셔널한 개발자라면 주어진 임무에 대해 빠르게 일정을 산출할 수 있어야 하고, 약속한 일정 내에 완성도 높은 구현을 통한 산출물을 창출해 낼 수 있어야 한다.

우리가 실력 있는 개발자라고 인정받고 싶다면 개발 일정을 거의 정확하게 예측할 수 있는 역량을 키워야 한다. 당신은 프로 개발자이고 프로는 일정을 산출할 수 있어야 한다. 비즈니스 세계에서 일어나는 모든 개발 활동은 곧 투자이기 때문이다.

0403
누구나 빌드 할 수 있어야 한다

혹시 레파지토리(repository)에서 처음으로 내려받은 소스 코드가 한 번에 빌드(build)되지 않아서 쩔쩔맨 경험이 있는가? 코드를 내려받은 후 소스 코드 에디터나 개발 툴의 소스 파일 탐색기에 무수히 많이 뜬 오류 코드와 빨간 줄을 본 경험이 있는가? 있다면 그것이 얼마나 성가신 일인지 잘 알 것이다. 코드를 푸시(push) 할 수 있는 권한을 가진 커미터(committer)가 조금만 정성을 들이면 소스를 내려받는 많은 이들의 시간을 극적으로 줄여줄 수 있다. 코드 레파지토리에 커밋된 소스는 누구나 빌드할 수 있는 완성된 상태여야 한다. 빌드하기 위해 사전에 필요한 여러 가지 작업이 있다면 그 방법 또한 함께 커밋되어야 한다. README.md와 같은 누구나 읽어야 한다는 것을 인지 할 수 있는 파일에 이 소스를 빌드하기 위해서는 어떤 작업이 필요한지를 기록한다거나 아니면 아예 그 작업을 쉘 스크립트(shell script)로 만들어서 소스를 내려받은 사람들이 스스로 실행할 수 있도록 만들어 줄 수도 있을 것이다.

'당연히 그래야 하는 거 아니야?'라고 생각할 수도 있겠지만 생각보다 빌드되는 상태를 유지하는 것을 놓치고 있는 개발자가 많다. 아마도 본인의 로컬 PC에 있는 개발환경에서 잘 돌아간 것을 확인한 뒤에는 별도로 다른 환경에서의 테스트를 해보지 않아서 그럴 것이다. 빌드가 가능한 완성된 상태는 코드 베이스(codebase)의 생애주기 내내 유지되어야만 한다. 우선은 본인 PC에서도 빌드가 안 되거나 오류가 있는 소스는 함께 작업하는 브랜치에는 푸시하지 않아야 한다. 또한, 새로운 코드가 커밋될 때마다 분리된 환경에서 자동으로 빌드가 실행되게 할 필요가 있다. 프로그래머들이 소스 코드를 리팩토링하듯이 빌드를 하기 위한 설정이나 환경 구성도 지속적으로 효율적인 구조를 유지하도록 리팩토링하는 작업이 필요하다. 특히, 외부 라이브러리가 한꺼번에 추가될 가능성이 큰 제품 개발 초기 단계부터 그 체계를 한 번 구축해두면 두고두고 편하게 재활용할 수 있을 것이다. 또한, 리포지토리(repository)를 처음 생성할 때 공유되지 말아야 할 파일을 무시(ignore) 처리해주는 것은 반드시 습관으로 만들기를 권유한다. 특히 통합개발환경(IDE)을 사용하는 경우에는 공용이 아닌 개인의 설정 파일과 같이 공유되지 않아야 할 파일들이 있는 경우가 종종 있으므로 새로운 IDE나 새로운 언어로 개발을 시작하려고 할 때는 기본적으로 무시 처리해 줘야 하는 파일들을 먼저 검색해보고 시작하는 것이 좋다.

이미 느끼고 있겠지만 코드베이스(codebase)를 빌드 가능한 상태로 유지하는 것은 꽤 정성이 필요한 작업이다. 초반에 사람이 공들여 그 체계를 구축해두면 그다음 커밋부터는 빌드 머신이 우리를 대신해 열심히 그 일을 해 줄 것이다. 프로젝트의 크고 작음의 여하에 관계없이 빌드 머신은 꼭 도입해 보았으면 좋겠다. 여기서 내가 말하는 빌드 머신은 Jenkins나 Bamboo 같은 도구 그 자체를 의미하는 것은 아님을 짚고 넘어갔으면 한다. 앞에서 언급한 두 프로그램은 여러 형태의 Job을 스케줄링해 주는 도구일 뿐이다. 마치 Jenkins를 사용하는 것만으로 우리가 원하는 통합을 위한 자동화가 모두 끝날 거라고 생각한다면 그건 오산이라고 말하고 싶다. 이미 규모가 있는 조직과 잘 돌아가는 CI/CD[15] 솔루션이 있다면 그것을 쓰지 않을 이유는 없겠지만, 작게 시작해야 하는 프로젝트에서 Jenkins부터 구축하려 드는 것은 선후 관계가 바뀐 것이라고 말하고 싶다. 이런 경우에는 우선 간단하게 빌드하는 스크립트를

15. CI: Continuous Integration, CD: Continuous Delivery or Continuous Deployment

만들고 OS에서 제공해주는 기본적인 스케줄링 기능을 활용해 보는 것을 권장한다. 작고 간단한 개념에서부터 시작해야 우리의 생각을 확장하기 좋다. 처음부터 무조건 거대한 도구를 갖춰두고 시작하는 것만이 능사는 아니다.

Jenkins를 예시로 들어서 위의 이야기를 하는 이유는 실제로 툴을 사용하는 것 자체에 집중하여 주객이 전도되는 경우가 많이 있기 때문이다. 뚜렷한 계획 없이 무작정 CI/CD를 하겠다고 툴을 설치한 직후에 테스트 커버리지 가시화, 코드 정적 분석, 코드 스타일 분석 등을 해주는 플러그인(Plugin)들을 잔뜩 붙여 놓고서는 "짜잔~ 이제부터 우리 코드 베이스는 지속적인 통합과 지속적인 배포와 납품이 가능해."라며 기뻐한다. 이후, 어느 정도 시간이 지나고 나면 결국 무엇인지도 모를 애플리케이션들의 잡(Job)이 잔뜩 돌아가고 앞에서 기쁨을 주었던 여러 가지 리포트는 최초 이후 다시는 보지도 않으며 결국 Jenkins를 관리하는 사람만 따로 필요하게 되는 애물단지로 전락하는 모습을 몇 번이나 목격할 수 있었다. 2장 〈문제를 풀기 위한 기술〉의 내용을 잠시 리마인드 해서 이러한 시행착오를 겪지 않도록 하자. 항상 작게 시작하고 필요한 만큼만 적절히 활용하는 습관을 들이자. 나는 Jenkins라는 도구가 쓸모없는 것이라고 비난하고 있는 게 아니다. Jenkins는 정말 멋지고 훌륭한 도구다. 하지만,

아무리 훌륭한 도구라도 적절하게 잘 사용해야 그 훌륭함이 더욱 빛이 날 것이다.

개발자라면 남들이 쉽게 코드를 가지고 추가 개발을 할 수 있도록 코드베이스의 상태를 잘 유지하는 역량도 필요하고, 설사 그렇지 않더라도 스스로 코드를 빌드하고 구동시킬 방법을 빠르게 찾을 수 있는 역량도 필요하다. 하지만 모든 개발자가 잘 돌아가지 않는 코드 상태를 극복하고자 노력하는 것은 아니다. 〈눈높이에 맞게 단어를 선택하라〉는 주제에서 이야기했듯이, 이 문제도 역시 이해하지 못하는 사람의 책임을 묻기보다는 이해를 못 시키는 사람이 좀 더 노력해야 할 문제의 범주라고 생각한다. 나는 내가 속한 개발팀에서 이 원칙이 잘 지켜지는지 측정하는 나름의 기준이 있는데 아래와 같다.

> 오늘 아침에 새로운 프로그래머가 팀에 합류했다면 그 개발자 스스로 개발환경을 구축하고, 소스를 내려받고 자신의 개발 PC에서 구동할 수 있어야 하며, 오늘 오후에는 본인이 작업한 내용을 빌드하고 테스트하고 심지어 배포까지 할 수 있어야 한다.

0404
동기식으로 일할 것인가?
비동기식으로 일할 것인가?

이야기에 들어가기 전에 먼저 질문을 한번 던져보고 싶다. 여러분은 개발할 때 동기방식의 프로그래밍 모델을 선호하는가? 아니면 비동기 방식의 모델을 선호하는가?

이 질문에 대한 대답이 동기(Synchronous), 비동기(Asynchronous) 둘 중 하나라면 〈문제를 풀기 위한 기술〉이라는 주제에서 다루었던 내용을 다시 한번 떠올려보길 바란다. 아주 가끔 어떤 사람들은 비동기 프로그래밍 모델이 모든 문제를 다 해결해 주는 성스러운 것으로 생각하는 경향이 있다. 하지만, 동기나 비동기는 서로 다른 컨텍스트가 서로 협업하는 방식에 대한 이야기일 뿐이다. 일을 주고 기다리는 쪽이 오래 기다리지 않아도 되는 일이면 동기 방식이 성능상 효율적이고 디버깅하기도 훨씬 쉽다. 반면에, 제어의 흐름 속에 IO와 무거운 연산이 필요하면서도 메인 컨텍스트에서 다른 요청에 대한 처리를 해야 할 필요가 있다면 비동기로 컨텍스트를 분리하여 수행하는 것이 효율적일 것이다. 추가로 비동기(Asynchronous)와 논블럭킹(Non-blocking)의 차이점도 시간이 나면 자세히 공부해서 익혀두길 바란다. 저 두 가지 용어는 상황에 따라 동일한 것을 의미하기도 하지만, I/O 프로그래밍 모델을 다룰 때는 다른 의미로 쓰이고 있다.

본론으로 들어가기 전에 아주 잠깐 기술에 대해 이야기를 했는데 다시 동기와 비동기의 이야기로 돌아와서 두 가지 개념을 가지고 우리가 일하는 방식에 대입해서 이야기를 해보고 싶다. 우리가 개발 업무를 하는 과정 중에는 무수한 문맥 교환(context-switching)과 소통(communication)이 일어난다. 소프트웨어를 만들면서 상황에 적합한 전송 동기화(transmission synchronization) 방식을 선택할 수 있다면 일을 할 때도 개별 업무에 맞게 적절한 방식을 선택할 수 있을 것이다. 사실 1인당 생산성으로 본다면 혼자서 개발하는 것이 가장 생산성이 높을 것이다. 하지만, 우리가 만들어야 하는 것은 좀 더 큰 규모의 것이기 때문에 함께 개발하는 동료들이 적게는 2~3명부터 많게는 수백 명에 이르기도 한다. 인간의 뇌는 초당 1페타플롭

(petaflop)의 연산력(processing power)을 가지고 있다고 한다. 반면에 인간의 대표적인 출력 기관인 입과 손은 아주 느리다. 결국, 우리 개개인은 엄청난 프로세싱 하드웨어를 가지고 있음에도 불구하고 나와 동료 개발자들의 연산에 필요한 상태 정보(state)들을 공유하는데 필요한 I/O 작업 때문에 무지막지한 병목 현상을 겪게 되고 참여하는 사람이 많아지면 많아질수록 상태 정보의 불균형이 가속화되면서 소프트웨어는 점점 더 산으로 가게 되는 이상한 현상을 맞이하게 된다. 이 현상은 그 유명한 맨먼스 미신(The Mythical Man-Month)이라는 책에서 자세히 다루고 있다.

우리는 수많은 도구와 개발기법들을 통해 많은 사람이 효율적으로 일할 수 있는 방법을 찾고 있다. 실제로 훌륭한 도구들이 너무 많아서 이 책에서 도구 자체를 소개하는 것은 취지에 맞지 않을 것 같고, 도구를 제외한 우리가 일하는 기본적인 방법론에 대해서 이야기하고 싶다. 결국 동료들 간에 무언가를 공유하고 같은 지식 레벨에서 개발을 진행하기 위해 많은 노력을 기울이게 되는데, 우리의 느려 터진 신체 I/O를 감안할 때 적절한 상태 동기화 기법이 요구된다. 예를 들자면, 일하면서 종종 어떤 것을 확인해달라는 동료들의 요청을 듣게 된다. 빠르게 확인할 수 있는 일은 동료를 아주 잠시 기다리게 하더라도(동

료의 context가 blocking 되더라도) 동기적인 방식으로 즉시 응답을 해주어야 할 것이다. 반면에, 확인에 시간이 걸리는 일은 우선 즉시 응답을 내려주고 동료가 나중에 언제쯤 다시 질문할지를 알려주거나 내가 확인이 끝나면 콜백(callback)을 줘야 할 것이다. 하지만, 실제로 주로 우리의 업무들이 서로 교류하는 방식을 보면 요청한 사람에게 즉시 "알았다."라고 대답해서 돌려보내는 것만 보면 비동기 모델이라고 생각할 수도 있겠지만 결국 요청한 사람이 아무리 기다려도 콜백(callback)을 받지 못하는 비효율적인 동기 모델이 빈번히 발생하게 된다. 요청자가 쉬지 않고 결과를 폴링(polling) 하며 바쁘게 기다려야 하는(busy-waiting) 구조인 것이다.

물론 개별 개발자들이 어떤 방식으로 서로 간에 소통하는지 보다는 프로젝트 전반에 걸쳐있는 크리티컬 한 이슈를 해결하는 것이 더 중요한 일이다.

하지만, 우리가 모든 개발 관련 일을 할 때, 마치 소프트웨어의 서로 다른 문맥들이 무언가를 교환하는 것을 효율화한다는 관점에서 비슷한 노력을 기울인다면 프로젝트의 목표에 좀 더 빨리 다다를 수 있을 것이다.

0405
좋은 개발팀에서 일하고 싶다면

근사한 제품을 만들기 위해 우리는 주로 팀을 이루어서 일한다. 대부분의 개발자는 좋든 싫든 여러 명의 개발자들과 하나의 이름을 가진 팀이라는 둘레 안에서 함께 일을 하게 될 것이다. 어떤 개발팀에서 일했는지에 따라 나의 커리어에 미치는 영향도 다르기 때문에 우리는 좋은 개발팀에서 일할 기회를 적극적으로 만들어나갈 필요가 있다. 그렇다면 여러분은 어떤 개발팀에서 일하고 싶은가? 수평적인 분위기, 충분한 학습의 시간, 빵빵한 하드웨어 및 개발 툴 제공, 자율 출퇴근, 체계적인 교육 등이 팀을 선정하는 중요한 가치라고 여긴다면 생각을 바꾸길 바란다. 앞에 열거한 것들은 좋은 개발팀의 조건이 아니라 좋은 개발팀이 가지고 있을지도 모르는 특징들을 열거한 것에 지나지 않는다. 팀은 미국의 독립선언문 같은 것이 아니다. 다시 말하면 팀은 당신이 평등한 대우를 받게 하고 행복을 추구하는 것을 인정하고 자유를 부여하는 곳이 아니다. 또한, 당신을 양성하기 위한 학원 같은 곳은 더더욱 아니다. 팀은 성과를 내기 위한 집단이다. 당신이 이곳에서 무엇을 기여할 수 있을지를 더 우선적으로 고민해야 하는 곳이다.

개발팀의 본질적인 존재의 목적으로 봤을 때 좋은 개발팀이란 그 존재의 목적에 부합하는 팀이다. 즉, **쓸 수 있는 소프트웨어를 만드는 팀**이다. 우리가 모여서 함께 일을 하는 것은 학교에서 학점을 잘 받기 위한 것도 아니고, 친목을 도모하기 위한 것도 아니다. 진짜 쓸 수 있는 프로그램을 만들어 내지 못한다면, 주어진 문제를 해결해 내지 못한다면 그 팀은 어떠한 선진적인 문화와 우월한 조건을 갖추고 있다고 하더라도 좋은 개발팀이라고 할 수는 없을 것이다. 나에게 그 어떤 부당한 일도 벌어지지 않는다고 한들, 결과를 내지 못한다면 우리의 소중한 시간은 하수구에 흘려보내는 폐수처럼 방류되고 있다고 봐야 마땅할 것이다. 이제는 다 커버린 우리들의 성장점은 학습을 통

> **미국 독립선언문 2장(부분) ☺**
>
> 다음과 같은 사실을 자명한 진리로 받아들인다. 즉 모든 사람은 평등하게 태어났고, 창조주는 몇 개의 양도할 수 없는 권리를 부여했으며, 그 권리 중에는 생명과 자유와 행복의 추구가 있다. 이 권리를 확보하기 위하여 인류는 정부를 조직했으며, 이 정부의 정당한 권력은 인민의 동의로부터 유래하고 있는 것이다….

해서가 아니라 성과를 통해서만 자극이 된다. 가치 있고 유용한 제품을 만들어 내는 팀을 찾아낸다면 어쩌면 여러분이 그토록 갈망하던, 앞서 언급한 '그럴싸한 좋은 팀'의 조건들은 이미 갖추고 있는 상태일지도 모른다.

좋은 팀에게는 지켜야 하는 원칙이 있어야 한다. 나에게 얼마나 무한한 자유를 보장해주는지 또는 얼마나 잘 대해주는지를 기준으로 팀을 선정하지 말자. 오히려 절제된 통제 속에서 주어지는 자율적인 참여를 통해 나의 잠재력을 끌어내는 곳을 선택하는 것이 좋다. 절제된 통제는 구성원 모두가 동의할 수 있는 적은 수의 몇 가지 원칙으로부터 나온다. 원칙은 그 특성상 디테일하지 않기 때문에 많은 수가 나오기 힘들다. 가고 싶은 팀이 있다면 그 팀에 원칙이 있는지를 꼭 확인해보기를 바란다. 반면에, 규칙이 많은 팀은 추천하고 싶지 않다. 원칙과 규칙의 차이는 아마도 이런 느낌일 것이다. 예를 들어 팀의 원칙 중 하나가 "리포지토리에 있는 소스 코드는 누구나 빌드하고 테스트할 수 있어야 한다."라고 한다면, 규칙은 그 조직에서 가장 목소리가 강한 사람의 스타일대로 리포지토리에 커밋을 하고 배포하는 방법에 대한 여러 가지 절차들을 만들고 그것을 그대로 따르도록 만드는 매뉴얼 같은 것이다. 이처럼 원칙은 우리가 무엇을 해야 하고 말아야 하는지를 세세하게 정하는 것이 아니

라 창의성을 발휘할 수 있는 여유 공간을 열어둔 채로 집중해야 하는 핵심가치에 전념할 수 있게 해주는 것이다. 원칙만 지켜진다면 모두가 자유롭게 자기 방식대로 다양한 시도와 실패를 해 보면서 더 좋은 방법과 제품들을 만들어 낼 수 있을 것이다.

구성원이라면 누구나 반대 의견을 낼 수 있는 곳으로 가야 한다. 반대 의견을 듣고 감정적으로 반응하는 것도 문제이지만 애초에 반대 의견을 상대방이 기분 나쁠까 봐 또는 내가 틀릴까 봐 자신 있게 개진하지 못하는 것이 더 큰 문제이다. 팀은 반대 의견이 스스럼없이 나오는 문화를 가지고 있어야 하고 반대 의견을 낸 사람들에게 그 어떤 불이익도 주어서는 안 된다.

의사결정은 의사결정자만 하는 것이 차라리 낫다. 구성원들의 충분한 의견 개진 후에 의사 결정권자가 빠르게 의사 결정을 내리는 것이 어설프게 수평적인 의사결정을 하는 곳보다 훨씬 낫다. 모두를 만족시키기 위한 의사결정은 우리를 안 좋은 결말에 도달하게 할 가능성이 크다.

만들고 있는 제품에 대해 구성원 모두가 애정이 있어야 하고 야심이 있어야 한다. 단 한 명의 구성원이라도 만들고 있는 것에 대해 애정이 없다면 그 구성원의 깨진 틈이 백도어가 되어

악성 코드들이 우리 내부에 자리 잡게 될 가능성이 크다. 애정만 가지고도 부족하다. 이 제품을 무조건 성공시키겠다는 야심도 있어야 한다. 그 성공이 결국 팀의 성공이고 팀의 성공이 곧 자신의 성장임을 잊지 말자.

마지막으로, 팀의 모든 부문에서 어제보다 더 나아지고자 하는 미래 지향적 상승 의지가 느껴져야 한다. 개인의 역량, 제품의 품질, 개발의 방법론에서 끊임없는 향상을 추구하지 않는다면 빠른 속도로 변하는 우리의 업의 특징으로 볼 때 생존하기가 쉽지 않을 것이다. 더 잘하고 싶은 마음이야말로 어쩌면 우리를 내일로 이끄는 힘의 원천일지도 모른다.

좋은 팀을 선정하는 기준일지도 모르는 몇 가지를 소개했는데, 사실 문제에 맞는 적절한 기술을 써야 하는 것과 같은 맥락으로 모든 것이 통하는 진리 같은 것은 없다. 다만 정말로 중요한 것은 우리는 사용하기 위한 소프트웨어를 만들기 위해 모였다는 사실을 잊지 않는 것이다. 쓸 수 있는 소프트웨어를 만든다는 원칙을 잊지 않는다면 그 원칙으로부터 파생해 나오는 여러 가지 실천적 행동 규범들은 모두 스스로 정할 수 있을 것이라고 생각한다.

05

차별화 Differentiation

0501
고객과 사용자의 차이를 아는 것

    프로페셔널 개발자들은 대부분 고객을 위해 프로그램을 만든다. 고객은 소프트웨어를 소유하기 위해서 또는, 소프트웨어로 새로운 가치를 생산하거나 그 가치를 사용하기 위해 비용을 지불하는 사람이다. 사용자는 단어 그대로 소프트웨어를 사용하는 사람이다. 결국 돈을 받고 일하는 프로페셔널 개발자들이 만족시켜야 할 대상은 본질적으로는 고객인 것이다. 물론 그 고객들이 만족하기 위해서는 결국 일반 사용자들을 만족시켜야 하는 것이 되겠지만 말이다.

    예를 들어 회사 같은 큰 조직에서 내부 시스템으로 사용하는 소프트웨어를 만드는 경우는 어떠할까? 우리는 새로 만들어진 시스템을 내부에 알릴 때 또는 상급자에게 보고 할 때 소프트웨어를 단순히 사용하는 사람들을 고객이라고 혼용해서 표현하는 경우가 많다. 엄밀히 말하면 그들은 고객이 아니다. 같은 고객을 만족시켜야 하는 사용자라고 보는 것이 맞다.

고객을 정확하게 파악하지 않으면 요구사항이라는 이름의 탈을 쓴 쓰나미에 휩쓸려 다닐 가능성이 높다. 진정한 고객이 누구인지를 명확하게 인지하고 그 고객이 원하는 것에 포커스를 맞추는 것이 지속성 있는 개발을 하는 데 있어서 중요하다고 말할 수 있다.

이 대목에서 혹여 나라는 존재가 단순히 고용주의 만족만을 위해 돈을 받고 일하는 노동자에 불과하다는 느낌이 든다면, 불편하다고 해도 그것은 진실이다. 창업을 하더라도 투자자들의 간섭과 압박을 생각한다면 더 심하면 더 심했지 절대 덜 하지는 않을 것이다. 이 모든 사실이 불편하게 느껴진다면 나 자신을 고객으로 정의할 수 있는 취미 개발을 하자.

고객과 사용자의 차이를 알았으니 다음은 사용자에 대해서 이야기해보자. 좋은 소프트웨어를 만들기 위한 방법을 소개하는 무수한 글에 한 번씩은 꼭 등장하는 내용이 있다. 그것은 바로 "사용자 경험을 중요시하라."는 내용이다. 이 말은 마치 낡은 세일즈 서적에 한 번쯤은 등장할 만한 "고객은 왕이다."와 비슷한 느낌이다. 실제로 앞의 두 문구를 동일시하는 사람들이 많다. 하지만, 사용자의 경험을 중요시하는 것과 사용자를 왕이라고 생각하는 것은 엄연히 다른 맥락이다.

사용자의 소중한 경험이라는 감성을 마구 자극하는 미사여구를 포함한 개발 요구사항의 폭풍에 휩쓸리지 않기를 바란다. 사용자들의 의견은 하나하나가 당연히 소중하다. 그것을 듣기 위해서 우리는 다양한 채널을 열어두고 반복적으로 청취할 필요가 있다. 하지만, 가장 중요한 것은 수많은 사용자 피드백을 분석해서 현재의 지표와 앞으로의 방향을 정하는데 인사이트를 얻는 도구로 활용하는 것이지 **사용자들이 우리가 무엇을 해야 할지 결정하게 하는 것이 절대 아니다.** 이 부분을 혼동하는 것은 흔하게 볼 수 있다. '사용자의 경험은 중요하고 고객은 왕이니까 사용자가 말하는 것을 최대한 들어주는 것이 올바른 길이다.'라는 접근은 프로젝트의 종착지가 이상하지만 절대 아름답지는 않은 어떤 곳으로 이르게 할 확률이 매우 높다. 역사 속의 훌륭한 왕들은 비록 쓴소리일지언정 진정 나라를 위해 충언을 아끼지 않는 신하들을 존중했다. 시키는 대로만 하는 신하들과 일하는 왕은 결코 성군이 될 수 없었을 것이다. 같은 맥락에서 고객이 우리의 진정한 왕이라면 무조건 그들이 시키는 대

DEVELOPER

CLIENT

USER

로 해서는 안 된다.

당신의 작품에 대해 누구보다 전체를 두루 섭렵하고 이해하며 나아갈 방향에 대해 깊이 고민하는 사람, 나아가 작품의 성공을 진심으로 바라마지 않는 이는 바로 당신과 동료들일 것이다. 몇몇 목소리가 강한 사용자들이 중요한 문제를 결정하게 둔다면 당신의 작품은 빠른 속도로 무너져 내릴 것이다. 더 이상 복구가 불가능할 지경이 되었을 때 또 다른 강한 목소리를 내는 사용자들이 슬그머니 나타나서 이렇게 말할지도 모른다.

"거봐 내가 말한 대로 안 하니까 이렇게 되잖아."

그때의 심정은 꽤나 참담할 것이다. 마스터 브랜치에 대한 접근과 배포의 권한이 나에게 있는 이상 이곳의 선장은 나다. 운항 중인 배가 목적지까지 무사히 도착할 수 있도록 중심을 잡길 바란다.

노파심에 하는 말이지만 혹시나 이 장을 보고 "당신은 고객이 아니야 사용자일 뿐이야!"라는 이야기를 굳이 하거나 "고객과 사용자는 다른 거예요."라는 주장을 너무 강하게 하지는 않기를 당부한다. 중요한 메시지는 고객과 사용자를 분리해서 생각할 수 있어야 한다는 것과 그들이 당신이 할 일을 결정하게 하지 말라는 것이다.

마스터 브랜치에 대한 접근과 배포의 권한이 나에게 있는 이상 이곳의 선장은 나다. 운항 중인 배가 목적지까지 무사히 도착할 수 있도록 중심을 잡아야 할 책임이 나에게 있다.

0502
취미 개발자

    속마음을 조금 이야기해보자면 고객이나 상사를 위해 만드는 소프트웨어에서 재미를 찾기는 쉽지 않다. 나는 새로 나온 트렌디한 때깔 나는 기술을 써보고 싶은데 고객들은 이미 검증된 조금은 빛바랜 안전하고 안정적인 길을 선택했으면 한다. 우리는 프로페셔널 개발자들이니까 신기술에 대한 속마음쯤은 고이 접어두고 적절한 성과를 내기 위해 일을 해나갈 것이다. 그렇다고는 해도 기술적 호기심이 가득한 우리 엔지니어들도 즐거움을 느낄 무언가는 있어야 하지 않을까? 생각해보면 엔지니어 중에는 프로그래머만큼 자기의 전문 기술을 가지고 낮은 진입 장벽으로 취미 생활을 할 수 있는 직업도 많지 않을 것이다. 나 스스로 나의 고객이 되어 본다면 이전에 느끼지 못했던 새로운 재미를 느낄 수 있게 될 것이다.

나는 원래부터 딱히 취미 생활이 없어서 그런지 언제나 취미는 프로그래밍이었다. 프로그래밍을 잘한다는 의미는 아니다. 재미를 느끼는 곳이 소프트웨어를 만드는 것이라는 의미이다. 실제로 나는 심심해서(?) 만든 txtwizard.net이라는 웹사이트도 운영하고 있고 여기서 밝히기는 좀 부끄러운 게임도 3개 정도 모바일 마켓에 출시했다. 그리고 외부에 차마 공개하기 부끄러운 수많은 토이 프로젝트(toy project)들에 대한 소스들도 내 개인 소스 코드 레파지토리에 도서관에 꽂힌 책처럼 나열되어 있다. 내가 집에서도 개발을 즐긴다는 것을 알게 된 회사 동료들은 회사에서 그렇게 코딩하고 집에 가서 또 하고 싶냐고 물어본다. 나는 생각할 것도 없이 그렇다고 대답한다. 회사에서 하는 개발과 집에서 하는 개발은 나에게는 완전히 다른 것이다. '모든 것을 내 입맛대로 실험해 볼 수 있다는 것은 정말 신나는 일 아닌가?' 라고 회사에서도 많이 이야기했는데 이상한 취급을 많이 받아봐서 동의를 기대하지는 않겠다. 어쨌든 나는 '덕업일치'하니 행복하다고 말할 수 있겠다.

10년 정도 회사에 다니며 주위를 돌아본 결과 회사에서 업무적으로 개발하고 집에 가서 취미로 개발하는 사람들은 생각보다 많지 않다.[16] 하지만, 나는 꼭 취미로 개발해보는 것을 추천하고 싶다. 뭐든 주제를 잡아서 내가 만들어 보고 싶은 것을 만들다 보면 일단 재미가 있고, 그냥 TV 보고 멍하게 보내는 시간[17]과 대비해봤을 때 그 시간 또한 그렇게 가치 있게 느껴질 수가 없다. 재미와 성장을 동시에 잡을 수 있다니 이것은 안 할 이유가 없지 않은가! 물론 대부분의 사람은 각자의 가치 있는 좋은 취미와 여가 생활이 있을 것이다. 하지만, 혹시나 조금 있는 여분의 시간을 지금보다 가치 있게 쓰고 싶은데 당장 무엇을 할지 모르겠다면 취미 개발을 해보길 권유하고 싶다.

만약에 취미로 개발을 시작하게 된다면 먼저 그 길을 가본 사람으로서 꼭 당부하고 싶은 말이 있다. 뭐든지 시작을 하면 끝을 내길 바란다. 모바일 애플리케이션을 만든다면 꼭 마켓까지 출시해 보길 바라고, 웹서비스를 만든다면 출시한 다음에 여러 수단을 써서 트래픽을 유입시켜 보았으면 한다. 그냥 단순히 공부하는 것이라면 내용을 잘 정리해서 블로그에 올려보거나 직장에 있는 동료들에게 새롭게 알게 된 것을 공유하길 바란다. 시작하고 나서 **어떤 지점**까지 도달할 때 비로소 취미 개발로 얻을 수 있는 이점을 극대화할 수 있다. 경험자로서 많은 것들을 만들어 보았지만 결국 **어떤 지점**까지 도달했던 소수의 산출물이 나의 인생과 커리어에 가장 많은 도움이 되었다. **어떤 지점**은 타인에게 공개했을 때 "음~ 뭔가 하

16. 사실 거의 보지 못했다.

17. TV보고 멍하게 보내는 시간도 물론 아름답고 가치가 있다. 굳이 비교하자면 말이다.

긴 했네." 할 정도가 최소한의 도달 지점이고, 최대한의 도달 지점은 가늠할 수 없다고 봐도 무방하겠다. 참신한 아이디어를 진지한 태도로 꾸준히 구현해나간다면 취미로 했던 개발이 어느 순간 더 이상 취미가 아닌 때도 오지 않겠는가? 잘 생각해보라 시간을 어떻게 쓰느냐에 따라 향후 당신의 경제적 수준이 완전히 달라질 수도 있는 것이다.

결국 '어떤 지점'까지 도달했던 소수의 산출물이 나의 인생과 커리어에 가장 많은 도움이 되었다.

0503
인터페이스를 중요시하라

성공적으로 사용자에게 채택된 그래픽 기반의 소프트웨어들을 보면 공통적으로 유저 인터페이스(UI)가 뛰어나다는 것을 알 수 있다. 단지 뛰어난 유저 인터페이스만으로 그것들이 성공했다고 말하기는 힘들겠지만, 적어도 성공한 프로젝트들에서 사용자 경험(UX)이 뛰어난 유저 인터페이스를 가졌다는 점이 공통적으로 관찰된다. 유저 인터페이스는 사람의 눈으로 즉각적으로 확인할 수 있는 것으로써 그 중요성에 대해서는 모두가 공감할 것이다. 이번 장에서는 프로그래밍 인터페이스에 대해서 이야기해보고 싶다. 정확히 말하면 애플리케이션 프로그래밍 인터페이스(API)에 대해서이다.

애플리케이션 프로그래밍 인터페이스는 유저 인터페이스처럼 일반 사용자의 눈에 시각적으로 아름다움을 주는 요소는 아니지만, 그 특유의 확장성과 절제된 표현력 그리고 드러낼 것은 드러내고 감춰야 할 것은 감추는 기법들을 통해 그 매력을 발산할 수 있다. 아마 일반 사용자의 눈이 아닌 개발자의 눈은 API의 아름다움을 측정할 수 있을 것이다.

일례로 API는 그것을 설계한 개발자의 깊이를 가늠하기에도 아주 적절한 지표이다. '발톱 자국만 봐도 사자임을 알겠다.'는 말이 있듯이 공개되어 있는 API만 호출해봐도 이것을 만든 개발자가 어느 정도의 내공을 보유하고 있는지 감을 잡을 수 있다. 인터페이스 안쪽의 구현부 코드(implementation)는 다소 허술하게 작성되어 있다 치더라도 드러나 있는 API의 설계 및 작성에만 정성을 들여도 어느 정도 잘하는 개발자인 척을 할 수 있다니 이건 잘난 척하기 좋아하는 개발자들이 신경 쓰지 않을 이유가 전혀 없지 않은가?

프로그래밍 인터페이스가 중요한 것은 외부로 노출되는 API 성격뿐만 아니라 하나의 프로그램을 만들어가는 과정 안에서도 마찬가지이다. 관심사 별로 잘 분리된 컴포넌트와 역할별로 잘 분리된 레이어들 그리고 그것들이 드러내는 예쁘게 설계된 인터페이스를 보면 굳이 개별 구현체 코드를 자세히 들여다보지 않더라도, 함께 일하고 싶은 개발자라는 인상을 강하게 줄 수 있다.

　인터페이스의 설계가 중요한 이유는 또 있다. 어떤 식으로든 지 그 인터페이스를 사용하는 곳이 생기고 난 후에는 그 인터페이스의 스펙을 변경하기가 아주 힘들다는 것이다. 소프트웨어는 저수준(low-level)에서부터 고수준(high-level)까지 첩첩이 쌓아 올리면서 만들어진다. 이미 배포된 인터페이스는 어떤 곳에서 어떤 식으로 호출되는지 파악하기가 매우 힘들다. 그 말은, 빈번히 사용되는 인터페이스일수록 수정하는 것도 힘들어진다는 의미이다. 여러 곳에서 쓰이기 전에 인터페이스는 설계 단계에서부터 깊은 고민이 필요하다.

　참고로 인터페이스라는 용어는 우리에게 익숙한 그 단어 뜻 자체로 유명한 SF영화에도 많이 등장한다(스타트렉, 아이언맨, 아이로봇, 터미네이터 등등). 다음번에 SF 영화를 보게 되면 로봇이나 인공지능 같은 것을 구동할 때, 아니면 서로 다른 시스템을 연동하려고 할 때 어떤 용어를 쓰는지 귀를 기울여 보길 바란다 이렇게 공상 과학 영화에서도 많이 사용되는 것을 보면 인터페이스라는 용어는 뭔가 멋있는 용어임에 틀림이 없다.

0504
제안서를 써라

코드를 작성하는 것은 좋아하지만 글을 쓰는 것은 싫어하는 개발자들이 많다. 하지만, 코드를 작성하기 전에 자신이 구상하고 있는 것에 대해 글로 표현할 수 있는 사람이 있다면 어떤 조직에 가나 인정받는 개발자가 될 수 있다. 글을 쓴다는 것은 머릿속에 있는 생각을 정리한다는 의미인 동시에 그 생각의 가치를 가시화할 수 있는 좋은 방법이다.

개발자의 스폰서[18]들은 하루에 처리해야 할 일이 산더미처럼 쌓여있다. 그들은 수많은 직원의 이야기를 들어야 하고, 현재 산적해 있는 문제들을 해결해야 하고, 조직의 미래를 위한 전략을 짜야한

18. 경영자, CTO, 개발 매니저 등, 돈을 받고 일하는 개발자들에게 그들이 이루어내야 할 과업과 그 과업을 달성할 수 있는 환경을 조성해주는 등의 지원을 하는 사람 또는 조직

다. 많은 개발자는 자신들이 가지고 있는 참신한 아이디어를 스폰서들에게 알리고 싶어 한다. 대부분은 말할 기회를 얻는 것조차 쉽지 않지만, 어떻게 기회가 되어 내 생각을 전달했다고 해도 좀처럼 그것이 조직 차원에서 실현되는 것을 보기는 힘들다. 이런 상황이 몇 번 반복되면 이런 생각을 하게 된다.

> '도대체 높으신 분들은 소통이 안 되는 것 같아.
> 아무것도 바뀌는 게 없어.'

위와 같은 생각을 하게 되는 순간 내가 속한 환경을 더 나아지게 할 수 있는 기회는 점점 사라져 가는 것이다. 좀 더 큰 틀에서 의사결정을 하는 사람들은 배경과 제안, 전략과 실행계획, 기대효과, 시장분석 등 모든 것을 한눈에 보고 결정하고 싶어 한다. 그 이유는 그들이 권위적이라서 그런 것이 아니라 어떤 결정을 하느냐에 따라 수많은 사람과 조직의 미래가 영향을 받을 수 있기 때문에 여러 요소를 모두 펼쳐놓고 한 번에 검토할 필요가 있기 때문이다. 게다가 결정해야 할 사안 자체가 많기 때문에 한 가지 사안에 할애할 수 있는 시간이 짧다. 결국 주어진 시간 내에 판단을 내릴 수 있는 종합적인 근거들을 제시하지 못하면 의사결정과 실행으로 이어지기 힘든 것이다.[19]

> 19. 짧은 시간 내에 의사 결정을 끌어내지 못하면 다음턴 까지 기다려야 하고, 다음턴은 언제 돌아올지 예측이 힘들다.

제안서를 쓰는 것은 어렵게 생각할 필요가 없다. 일단 인터넷에서 검색해보면 제안서 템플릿을 쉽게 찾을 수 있다. 핵심적인 내용만 넣어서 짧고 간결하게 1~2장 정도만 작성하기 때문에 분량에 대한 부담이 없다.[20] 자신이 말단에 있는 팀원이라고 하더라도 평소에 생각하던 개선안이 있으면 지금 당장이라도 제안서를 작성해서 선배나 팀장에게 건네보자, 그 사람들은 당신을 특별하게 생각할 것이다. 개발자들은 코드를 정말 많이 작성하고 있지만, 코드를 아무리 잘 짜도 다른 개발자와의 차별점을 만들기는 쉽지 않다. 하지만, 제안서를 쓰게 되면 나만의 특별한 강점을 순식간에 확보할 수 있다. 잘 쓰는 것은 그다음의 문제고 일단 쓰기만 해도 차별화가 된다니 이것 역시 안 할 이유가 없지 않은가?

나는 종종 회사에서 제안서를 작성한다. 제안 내용이 너무 파격적이라 차마 제출하지 못한 제안서도 몇 개 가지고 있다. 언젠가 신규 개발 과제에 대해 제안서를 제출한 적이 있었는데 그 제안서가 채택되어 실제 업무로 진행된 적이 있었다. 배경을 알게 된 어떤 동료가 본인도 그 아이디어에 대해 내가 제안서를 제출하기 이미 훨씬 전부터 생각했었고 다른 사람들하고 이야기도 많이 했었다고 지나가는 말처럼 넌지시 이야기를

20. 적어야 할 분량은 적지만, 생각은 많이 해야 하는 것이 사실이다.

했었는데, 아마 그분이 나에게 주고 싶었던 메시지는 '나도 그 정도 아이디어는 당연히 생각하고 있었어.'였을 것 같다. 하지만, 생각에서 머무는 것과 그 생각을 모종의 수단을 통해 다른 사람의 생각도 동기화시키고 실질적인 행동을 끌어내는 것은 비슷함을 논할 수 있는 대상이 아니라고 생각한다.

　세상에 있는 수많은 사람이 '이런 것이 있으면 좋을 것 같다.', '이런 것을 만들면 많은 사람이 관심을 가질 것 같고 돈을 많이 벌 수 있을 것 같다.'는 생각을 하곤 한다. 하지만, 생각이란 것은 형상이 없다. 그 생각에 대해 다른 사람이 완전히 이해하고 움직일 수 있도록 설득하지 못하면 그냥 거기서 연기처럼 사라지는 것이다. 일상생활 속에서 떠오르는 유용한 아이디어들은 떠오르는 즉시 작게나마 메모를 했다가, 정성 들여 계획서나 제안서로 만들어 보자. 작게는 내 생각을 정리할 수 있고 크게는 다른 사람의 생각을 바꾸고 행동을 이끌어내는 효과를 거둘 수 있을 것이다.[21]

21. <더이상 아이가 아니다> 주제에서 이야기 했지만, 타인의 생각을 바꾸거나 행동을 이끌어 낼 수 있다면 적어도 그 이슈에 대해서는 당신이 리더라고 생각해도 좋다.

0601
맺으면서

여기까지 지난 10년 동안 나의 직업 경험을 회고하며 이 책을 집필했다. 출판사에 원고를 건넨 후에 과연 내가 이런 책을 출간해도 되는지 많이 망설였다. 하지만, 아직 다듬어지지도 않은 초고를 미리 검토해 준 동료와 출판사 사장님의 지지에 힘입어 용기를 내어보기로 했다. 시작하는 글에서도 언급했지만, 이 책에서 소개한 보잘것없는 내용 중에서 단 하나라도 독자에게 도움이 된다면 인류에 새로운 가치를 만들고 싶은 나의 원대한 꿈에 한 발자국 다가간 것이라고 생각한다.

처음 내가 이 책을 집필할 때 지은 제목은 **개발자의 길을 걷**

는 후배에게 들려주고 싶은 이야기였다. 처음 지었던 제목 그대로 이 책의 내용은 프로 개발자로서 커리어를 시작하는 입문자들에게 전달하고 싶은 내용으로 대부분 구성되어 있다. 하지만, 우리의 업이 본디 끊임없이 과거를 회고하며 더 나은 방법으로 현재를 개발하고 또다시 현재보다 훨씬 더 나은 미래를 반복적으로 설계한다는 관점에서 볼 때 꼭 주니어 개발자뿐만이 아니라 모든 레벨에 있는 개발자에게도 도움이 될 수도 있겠다는 생각이 들었다. 출판사와 오랜 시간 동안 심도 있는 대화를 나눈 결과 책 제목은 GROWTH DEVELOPER라는 다소 고유명사스러운 제목이 되어버렸다. 언젠가 업계 어딘가에서 "우리는 GROWTH DEVELOPER 하고 있어요."라는 말이 탄생하기를 기대하면서 나의 기나긴 집필 여정을 마친다.

0602
부록 : 쉽게 기억하기

일 잘하는 개발자

협업

문제해결 능력	개발 능력

마인드셋

GROWTH
DEVELOPER

성장하는 개발자의 핵심 키워드

GROWTH DEVELOPER

차별화
Differentiation

마인드셋
Mindset

고객과 사용자를
바로 알기

인류의 생존을
위해 개발한다!

나는 더이상
아이가 아니다
모든 일을 주도적으로!

인터페이스가
중하다!

나는 선배보다 낫다!

취미 개발을 해보자

제안서를
써보자

성장은 내가
스스로 해야한다.

문제의 원인을
'나'로 부터 찾기

협업
Coworking

**성장하는
개발자**

문제해결
Troubleshooting

쉬운 단어로
쉬운 의사소통!

문제의 재현방법 찾기!
재현할 수 있어야 해결도 가능하다.

명확한 일정계획 수립

누구나, 언제나
빌드할 수 있도록
빌드상태 유지

문제해결에 가장
적합한 기술 찾기

서비스와 나는
일심동체!
서비스의 상태를
직감할 수 있어야 한다.

메모리의
할당과 해제

동기식/비동기식으로
효율적 소통

고장지점 분산
관리지점 집중

고장률 제로의
함정에 빠지지 말자.

더 좋은 팀을
만들기 위한
구성원의 노력

쉽고 가볍게,
일상적인 리팩토링

언제나 문제를 직면할 것!
해결할 수록 나의
경험은 축적된다!

하나의
프로세스로부터
출발할 것

최대한 많은 사례를
공부해서 표준화하자!

개발
Development